LandesSportBund Nordrhein-Westfalen • Rugby

Editorial

Die leistungssportliche Basisarbeit in Nordrhein-Westfalen wird über das Landesprogramm „Talentsuche und Talentförderung in Zusammenarbeit von Schule und Verein/Verband" gesteuert. Sein Ziel ist eine gesellschaftlich akzeptierte Nachwuchsförderung in Kooperation von Schulen und Sportvereinen, die den Prinzipien eines humanen Leistungssports verpflichtet ist.

Bezogen auf die Gestaltung des Trainings und der Wettkämpfe für Kinder und Jugendliche auf dem Weg zum Leistungssport ist der behutsame, langfristige Leistungsaufbau und damit die Verhinderung einer zu frühen Spezialisierung eine der wesentlichen Forderungen. Die Veränderung von Training unter entwicklungspsychologischen und pädagogischen Gesichtspunkten und die Umsetzung neuer Erkenntnisse der Trainingswissenschaft läßt sich nur durch die Bereitstellung entsprechender Trainingsmaterialien und gezielter Aus- und Fortbildungsmaßnahmen erreichen.
Daher werden in Nordrhein-Westfalen seit Anfang der neunziger Jahre im Rahmen des Landesprogramms in gemeinsamer Arbeit des Landesausschusses „Talentsuche und Talentförderung" und der Landes- und Bundesfachverbände – unter Mitwirkung von Vertreterinnen und Vertretern des Schulsports, der Sportwissenschaft und in Abstimmung mit dem Bereich Leistungssport des Deutschen Sportbundes – Handreichungen für den Personenkreis erarbeitet, der in Nordrhein-Westfalen und den anderen Ländern der Bundesrepublik mit Kindern und Jugendlichen im Leistungssport arbeitet.

Mit diesen Handreichungen für ein vielseitiges Training im Kindes- und Jugendalter soll nicht nur eine umfassende Entwicklung motorischer Grundeigenschaften und koordinativer Bewegungserfahrungen als Grundlagen der sportspezifischen Ausbildung gefördert werden, sie sollen auch dazu beitragen, die beim langfristigen Leistungsaufbau entstehenden Brüche bei den Übergängen vom Sportverein zum Kadertraining der Landesfachverbände sowie von der Betreuung durch die Landestrainer/innen in die Förderung durch die Bundestrainer/innen der Spitzenverbände zu beseitigen.

In enger Zusammenarbeit mit dem Ministerium für Städtebau und Wohnen, Kultur und Sport NRW möchte der LandesSportBund NRW als Herausgeber der Schriftenreihe „Rahmentrainingskonzeptionen für Kinder und Jugendliche im Leistungssport" mit dem vorliegenden Band einen Beitrag zur Weiterentwicklung der Nachwuchsförderung im Rugby im Sportland NRW und über die Landesgrenzen hinaus in allen Ländern der Bundesrepublik leisten.

Bisher erschienen in dieser Schriftenreihe sind die Rahmentrainingskonzeptionen:

Bd. 1 Weibliches Kunstturnen
Bd. 2 Hockey
Bd. 3 Gewichtheben
Bd. 4 Kanusport
Bd. 5 Kunstturnen männlich AK 7-9
Bd. 6 Eishockey
Bd. 7 Volleyball
Bd. 8 Fechten
Bd. 9 Basketball
Bd. 10 Schwimmen
Bd. 11 Eisschnellauf
Bd. 12 Ringen
Bd. 13 Badminton
Bd. 14 Tischtennis
Bd. 15 Rugby

Peter Ianuseveci
Dieter Kuhn

Rahmentrainingskonzeption für Kinder und Jugendliche im Leistungssport

Band 15: Rugby

Herausgegeben vom LandesSportBund Nordrhein-Westfalen e.V.
in Zusammenarbeit mit dem Ministerium für Städtebau und Wohnen,
Kultur und Sport Nordrhein-Westfalen

Eine Zusammenarbeit von

Deutscher Rugby-Verband e.V.
Rugby-Verband Nordrhein-Westfalen
LandesSportBund Nordrhein-Westfalen e.V.
Ministerium für Städtebau und Wohnen,
Kultur und Sport Nordrhein-Westfalen
Bereich Leistungssport des Deutschen Sportbundes

Redaktion: Matthias Kohl
Peter Ianusevici

Die Ratschläge in diesem Buch sind von den Autoren und dem Verlag sorgfältig erwogen und geprüft, dennoch kann keine Garantie übernommen werden. Eine Haftung der Autoren bzw. des Verlages und seiner Beauftragten für Personen-, Sach- und Vermögensschäden ist ausgeschlossen.

Die Deutsche Bibliothek – CIP-Einheitsaufnahme

Rugby/hrsg. vom LandesSportBund Nordrhein-Westfalen e.V.
in Zusammenarbeit mit dem Ministerium für Städtebau und Wohnen, Kultur und Sport Nordrhein-Westfalen. Matthias Kohl... Eine Zusammenarbeit von Deutscher Rugby-Verband e.V. ... – Wiebelsheim: Limpert, 2002
(Rahmentrainingskonzeption für Kinder und Jugendliche im Leistungssport; Bd. 15)
ISBN 3-7853-1650-X

Umschlaggestaltung: Klaus Neumann, Wiesbaden
Umschlagfoto: Stefan Dinse
DTP: DTP-Service & Verlag, Nierstein/Rh.
Druck: Druckhaus Köthen, Köthen
Printed in Germany/Imprimé en Allemagne
ISBN 3-7853-1650-X

Vorwort

Mit der vorliegenden Rahmentrainingskonzeption für das große Sportspiel Rugby wurde dem in den letzten Jahren zunehmenden Interesse aus dem schulischen Umfeld, aber auch den Bedürfnissen der Rugbyvereine Rechnung getragen, „Eckpfeiler für Trainingsprozesse" zu setzen. Erstmals wurde hiermit für Sportlehrer und Vereinstrainer ein Leitfaden und eine gemeinsame Philosophie für den Weg durch alle Nachwuchsaltersklasssen geschaffen.

Da der Erhalt und die Weiterentwicklung des Rugbysports in Deutschland im Wesentlichen davon abhängt, ob es dauerhaft gelingt, eine ausreichende Anzahl von talentierten Kindern durch ein vielseitiges, entwicklungsgemäßes Training in den einzelnen Altersstufen an diese Sportart zu binden, ist eine durchgängige Rahmentrainingskonzeption Grundvoraussetzung. Hierzu ist es unbedingt erforderlich, ein kind- und jugendgerechtes Trainingssystem in die Praxis umzusetzen, das Freude, Begeisterung und Erfolgserlebnisse vermittelt, um den Grundstein für eine langfristige und konsequente Vorbereitung auf die späteren Anforderungen im Leistungs- und Spitzensport zu legen. Der hier über mehrere Altersstufen angelegte Leistungsaufbau, dem auch die Wettkämpfe entsprechend angepasst sind, ist ein geschlossenes Konzept für das Kinder- und Jugendtraining, von der Talentsuche über die Grundausbildung, das Grundlagen-, Aufbau- und Leistungstraining bis zum D/C-Kader.

Ergänzt wird dieses Konzept, das sich inhaltlich auf den leistungsorientierten Sportler bezieht, durch die Handreichung „Rugby für die Schule", in der die gewaltpräventiven Möglichkeiten unserer Sportart aufgezeigt und schulsportgerechte Vermittlungswege vorgestellt werden.
Der Weg über den Schulsport, freiwillige Sportarbeitsgemeinschaften und die Rugbyvereine ein Nachwuchskonzept umzusetzen, hat sich in Nordrhein-Westfalen in den letzten Jahren bewährt.

Wir hoffen, durch diese aktuellen Konzepte die positive Entwicklung des Rugbysports zu unterstützen und unseren Sport auch außerhalb der Rugbyzentren weiter bekannt zu machen, damit Rugby fester Bestandteil der Sportkultur in Deutschland bleibt.

Besonderer Dank gebührt den Bemühungen des Bundestrainers Peter Ianusevici und dem langjährigen Lehrwart des Rugby-Verbandes Nordrhein-Westfalens, Dieter Kuhn, die sich der schwierigen Aufgabe, eine Rahmentrainingskonzeption für Rugby zu verfassen, gestellt haben.

Rugby-Verband Nordrhein-Westfalen
Deutscher Rugby Verband

Inhalt

1 Zielsetzung der Rahmentrainingskonzeption

Die meisten fortgeschrittenen Rugbynationen haben längst erkannt, dass ihre Kraft aus dem Nachwuchsbereich stammt und konzentrieren sich dementsprechend vorrangig auf diesen Bereich. Leider haben sich bei uns die Bemühungen, das Leistungsniveau zu steigern, zu stark auf die Spieler der höheren Spielklasse und damit der zwei oder drei Rugbyzentren beschränkt. So wurde das vorhandene Potenzial an Spielern in Schulen und Sportvereinen in Deutschland bis heute nur unzureichend aktiviert. Ein durchgängiges Konzept hierzu fehlte bisher.

Nachwuchs flächendeckend aktivieren

Im Bereich der Schulen soll das vorliegende Konzept helfen, das Rugbyspiel in seiner ganzen Vielfalt dem Schulsport zu eröffnen. Die Spielidee des Rugbys mit all ihren Variationen und Spielformen, mit der Möglichkeit der Regelveränderung mit der das Spiel den momentanen Gegebenheiten angepasst werden kann, ist für den Schulsport prädestiniert. Die große Bewegungsintensität auch der kleineren Spielformen, die gleichzeitig die geistige Flexibilität der Schüler fördert, trägt gerade in Zeiten enger werdenden Spielraums für Kinder dazu bei, auch in kurzen Zeiteinheiten auf begrenztem Raum intensive Bewegungsreize zu setzen.

Rugby ist für den Schulsport prädestiniert

Neben der Möglichkeit Rugby auch in kontaktlosen Spielformen zu praktizieren, ist gerade der geringe technische Anspruch an den Anfänger ein großer Reiz für Jungen und – koedukativ oder getrennt gespielt – auch für Mädchen, diesen Sport zu betreiben.

Das 15er Rugby, mit seinem komplizierten Regelwerk und der taktischen Vielfalt muss für den Schulsport nicht unbedingt das „Zielspiel" sein. Rugby hat mit seinen 7er und 10er Varianten Möglichkeiten, taktisch einfachere Spiele ohne Verlust an Spielerlebnis zu praktizieren. Mit der Deutschen Schulmeisterschaft, die seit 1990 in verschiedenen Altersklassen als 7er Spiel durchgeführt wird, ist es gelungen, einen positiven Impuls im Schulsport zu geben. Die Meisterschaften zeigten, dass in kürzester Zeit – das sind erfahrungsgemäß etwa sechs Monate – spiel- und konkurrenzfähige Schulmannschaften gebildet werden können. Diesen Ansatz gilt es auszubauen und auch auf den koedukativen und reinen Mädchensport auszuweiten.

7er Rugby als Zielspiel für den Schulsport

Mit dieser Rahmentrainingskonzeption soll deshalb den Schulrugbybeauftragten[1] der Deutschen Rugby-Jugend sowie interessierten Sportleh-

[1] Aus Gründen einer besseren Lesbarkeit wird im folgenden Text darauf verzichtet, bei der Nennung von Funktionen jeweils die männliche und weibliche Form des entsprechenden Substantivs aufzuführen. Wenn also z. B. das Substantiv „Trainer" verwendet wird, so sind hier stets Trainerinnen und Trainer gemeint.

rern ein Werk an die Hand gegeben werden, mit dem sie in der Lage sind, das Rugbyspiel in der Schule zu vermitteln. So kann es durch Sportlehrer in den Schulen als alternatives Ballspiel zum Einsatz kommen, aber natürlich auch als reguläres Sportspiel, mit all seinen rugbyspezifischen Elementen.
Dazu enthält diese Rahmentrainingskonzeption nicht nur umfangreiche Informationen zur sportlichen Ausbildung, sondern auch eine große Zahl an Unterrichtseinheiten, die es auch dem nicht so erfahrenen Rugby-Trainer ermöglichen, für seine Spielergruppe sinnvolle und effektive Ausbildungsreihen zu entwickeln.
Eine weitere Zielgruppe sind die Rugby-Nachwuchstrainer in den Sportvereinen. Sie sollen mit Hilfe dieses Konzepts ihre Kinder-, Jugend- und Juniorenspieler langfristig und systematisch aufbauen und sie optimal trainieren können. Als Endziel sollen diese Spieler dann bundesweit beim Eintritt in die Herrenmannschaften über annähernd gleiche taktische Kenntnisse verfügen und sich technisch und konditionell auf hohem Niveau befinden.

einheitliche systematische Förderung

Eine einheitliche systematische Förderung von Jugendlichen und Junioren mit gezielten und flächendeckenden Maßnahmen gibt es bislang nicht. Die fehlende aktive Talentsuche, die Einseitigkeit der sportlichen Vorbereitung, deren Schwerpunkt auf dem Erlernen und Verbessern der Grundtechniken bei gleichzeitiger Vernachlässigung der konditionellen, koordinativen oder psychischen Ausbildungsinhalte liegt, führen dazu, dass die Grenzen vom Freizeitsport zum leistungsorientierten Amateursport insgesamt noch nicht überschritten werden können.

zu frühe Spezialisierung vermeiden

Wenn jedoch eine zu frühe Spezialisierung in Training und Wettkampf vermieden wird, wenn mit der Entwicklung der allgemeinen sportartgerichteten und sportartspezifischen konditionellen und koordinativen Fähigkeiten schon in der Grundausbildung und im Grundlagentraining begonnen wird, dann wird eine vielseitige und sportartorientierte Ausbildung möglich, die wesentlich bessere Voraussetzungen für eine spätere Leistungsentwicklung bietet.
Durch die Rahmentrainingskonzeption werden die Trainings- und Wettkampfziele in den einzelnen Altersklassen neu formuliert und inhaltlich so gestaltet, dass sich der Spaß und die Freude am Training und im Wettkampf kontinuierlich vergrößern.
Für den genannten Personenkreis soll die Rahmentrainingskonzeption zudem eine Grundlage für die Aus- bzw. Fortbildung im Rugby sein.

Der sportpolitische Rahmen zur Nachwuchsförderung und dessen Umsetzung am Beispiel des nordrhein-westfälischen Landesprogramms „Talentsuche und Talentförderung..." 2

Mit der Grundsatzerklärung des Deutschen Sportbundes „Kinder im Leistungssport", mit der Fortschreibung der „Grundsätze für die Kooperation zur Förderung des Leistungssports" sowie mit der Grundsatzerklärung des Deutschen Sportbundes „Belastbarkeit und Trainierbarkeit im Kindesalter" ist der bildungs- und sportpolitische Rahmen für Veränderungen in der Nachwuchs- und Talentförderung gesetzt worden, der durch entsprechende Empfehlungen der Kultusministerkonferenz der Länder zur Talentsuche und Talentförderung mitgetragen wird.

bildungs- und sportpolitische Basis

Auf der Grundlage der Erfahrungen aus 15 Modellversuchen an Bundes- und Landesleistungsstützpunkten entwickelte sich in Nordrhein-Westfalen in den Jahren 1980 bis 1984 in Zusammenarbeit von Kultusministerium, LandesSportBund und den Landesfachverbänden eine an diesen Vorgaben orientierte Initiative zur Nachwuchsförderung im Leistungssport, das Landesprogramm „Talentsuche und Talentförderung in Zusammenarbeit von Schule und Verein/Verband", das durch seinen komplexen Ansatz in 5 Aktionsfeldern gekennzeichnet ist, der strukturelle, pädagogisch/medizinisch begleitende und sportartspezifisch trainings- und wettkampfrelevante Maßnahmen integriert.

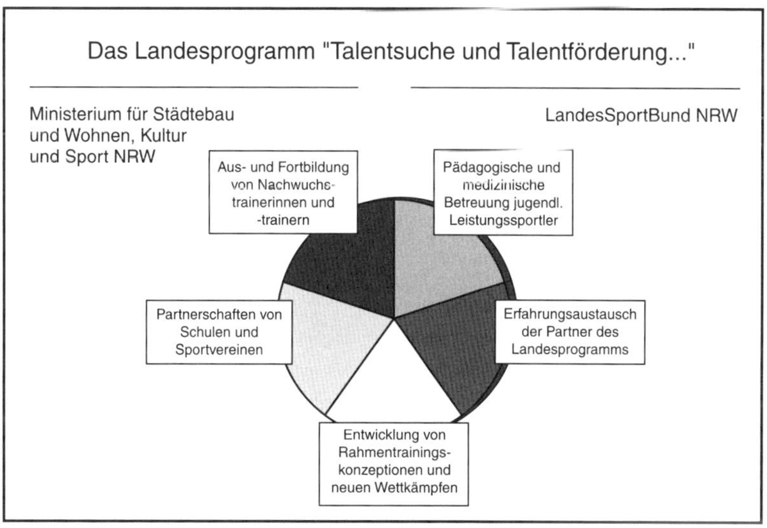

Abb. 1: Die Aktionsfelder des Landesprogramms

In der über zehnjährigen Laufzeit des Programms konnten an mehr als der Hälfte aller Leistungsstützpunkte der Sportfachverbände in Nordrhein-Westfalen breit angelegte Talentförderprojekte/Talentzentren aufgebaut werden. Im Jahr 2001 sind es 244 Projekte mit ca. 1700 Talentsichtungs- und 998 Talentfördergruppen in Schule und Sportverein, die mit ca. 42.000 sportbegeisterten, regelmäßig trainierenden talentierten Mädchen und Jungen die vitale Basis dieses Programms bilden.

Stand 2001

In ihrem Training soll das eingelöst werden, was von der modernen Sportwissenschaft sowie vom Bereich Leistungssport des DSB als „Bedingung-ohne-wenn-und-aber" angesehen wird, Leistungssportförderung muss entwicklungsgemäß und pädagogisch wie medizinisch verantwortbar sein.

vielseitige Grundausbildung/langfristiger Leistungsaufbau

Diese Prämissen lassen sich an Trainingsplanung und -inhalten festmachen, Eckwerte sind hier der langfristige Leistungsaufbau und die vielseitige sportartgerichtete Grundausbildung.

pädagogische und sportmedizinische Betreuung

Die sportmedizinische Betreuung und Begleitung ist für die jungen Sportlerinnen und Sportler im Landesprogramm ebenso selbstverständlich wie eine pädagogische Betreuung. Hier hat sich besonders das Konzept der Teilzeitinternate bewährt, ein verstärkter Ausbau dieses Netzes im Zusammenhang mit der Einrichtung von Talentzentren an bevorzugten Standorten ist ein Arbeitsschwerpunkt.

Fortbildung von Nachwuchstrainern

Die Bemühungen um eine verbesserte Aus- und Fortbildung von Nachwuchstrainern werden im Zusammenhang mit den Initiativen des DSB im Bereich des „Trainer-C, Profilbildung Kinder/Jugendliche" durchgeführt sowie durch die jährlich stattfindenden Trainerseminare und den Internationalen Workshop „Talentsuche und Talentförderung", eine Plattform des Erfahrungsaustausches von Trainern, Sportwissenschaftlern, Sportpolitikern und Verbandsvertretern zu Fragen des Nachwuchsleistungssports.

Erfahrungsaustausch der Partner

Der Erfahrungsaustausch der Partner des Landesprogramms wird zusätzlich durch ein jährliches Treffen der Projektleiter sowie der Vertreter der Ausschüsse für den Schulsport in den 54 Kreisen und kreisfreien Städten des Landes NRW in ständigem Fluss gehalten.

Reformierung von Training und Wettkämpfen

Arbeitsgruppen der Sportfachverbände

Der Überzeugung folgend, dass eine Verbesserung der Nachwuchsförderung im Leistungssport nur durch Veränderungen im Bereich des Trainings und der Wettkämpfe für Kinder und Jugendliche erreicht werden kann, sind auf Initiative des Landesausschusses „Talentsuche und Talentförderung" für über 20 Sportarten Arbeitsgruppen der Landes- und Spitzenfachverbände einberufen worden, die entsprechende Rahmentrainingskonzeptionen und Vorschläge für neue Kinder-/Jugendwettkämpfe entwickeln.

Für die Erarbeitung der Rahmentrainingskonzeption im Rugby konnten qualifizierte und erfahrene Mitarbeiter, die im Nachwuchsbereich auf Schul-,Vereins-, Stützpunkt- und Verbandsebene tätig sind, gewonnen werden.

Mit neuen Rahmentrainingsplänen und neuen kind- und jugendgemäßen Wettkampfkonzeptionen soll das System des langfristigen und gestuften

Peter Ianusevici	DRV	Bundestrainer
Dieter Kuhn	RV-NRW	Lehrwart Leiter Talentförderprojekt Bonn
Andy Gordon	NRV	Schulrugbybeauftragter
Hansi Stelter	RV NRW	Koordinator Kinder- und Jugendsport

Abb. 2: Zusammensetzung der AG Rugby

langfristiger Leistungsaufbau

Leistungsaufbaus vom Einstieg in die gezielte Förderung in den Talentsichtungs- und Talentförderungsgruppen in gemeinsamer Arbeit von Schule und Sportverein bis zum Training der D/C Kader der Sportfachverbände gestützt werden (vgl. Abb. 3, S. 16) und gleichzeitig eine Reformierung der Trainingsinhalte und ihrer Umfänge durchgeführt werden.

kindgemäßes Training

Ziel ist es, zu verhindern, dass weiterhin Organisationsformen und Strukturen des Erwachsenentrainings im Leistungssport einfach auf das Training mit Kindern und Jugendlichen übertragen werden. Konkrete Vorgaben und sportwissenschaftlich begründete Empfehlungen für Training und Wettkampf müssen zur Vermeidung einer zu frühen Spezialisierung beitragen, hingegen kann mit der Entwicklung allgemeiner koordinativer Fähigkeiten durch eine vielseitige Grundausbildung nicht früh genug begonnen werden. So stehen die Bemühungen um ein breitgefächertes Angebot an sportmotorischen Erfahrungen und ein vielseitiges, auf die Zielsportart ausgerichtetes Training unter Einbeziehung so genannter Ergänzungssportarten während der Talentsichtungs und Talentförderphase sowie des D 1-/D 2-Kadertrainings bei den Überlegungen in den gemeinsamen Arbeitsgruppen des Landesausschusses „Talentsuche und Talentförderung“ und der Sportfachverbände im Mittelpunkt.
Diese Arbeitsgruppen haben auch den Auftrag, neue Wettkampfkonzepte für die unteren Altersklassen zu erarbeiten. Bei diesen Wettkampfprogrammen steht die Spezialsportart der Kinder/Jugendlichen im Zentrum, sie wird jedoch ergänzt durch Wettkämpfe in begleitenden Sportarten und/oder durch koordinative/konditionelle Zusatzwettbewerbe.

vielseitige Wettkämpfe

Die Notwendigkeit entwicklungsgemäßer Wettkämpfe ist beim Blick in die Wettkampf-Praxis immer noch augenfällig. In den untersten Altersklassen vieler Sportarten werden nach wie vor Titel bis zum Deutschen Meister in den spezialisierten Wettkampfsparten des Erwachsenensports vergeben. Welche Auswahlmechanismen hier greifen, welche Art von Training die Kinder zu diesen „Erfolgen“ befähigt und welche Konsequenzen körperlicher und psychischer Art damit verbunden sind, ist bereits

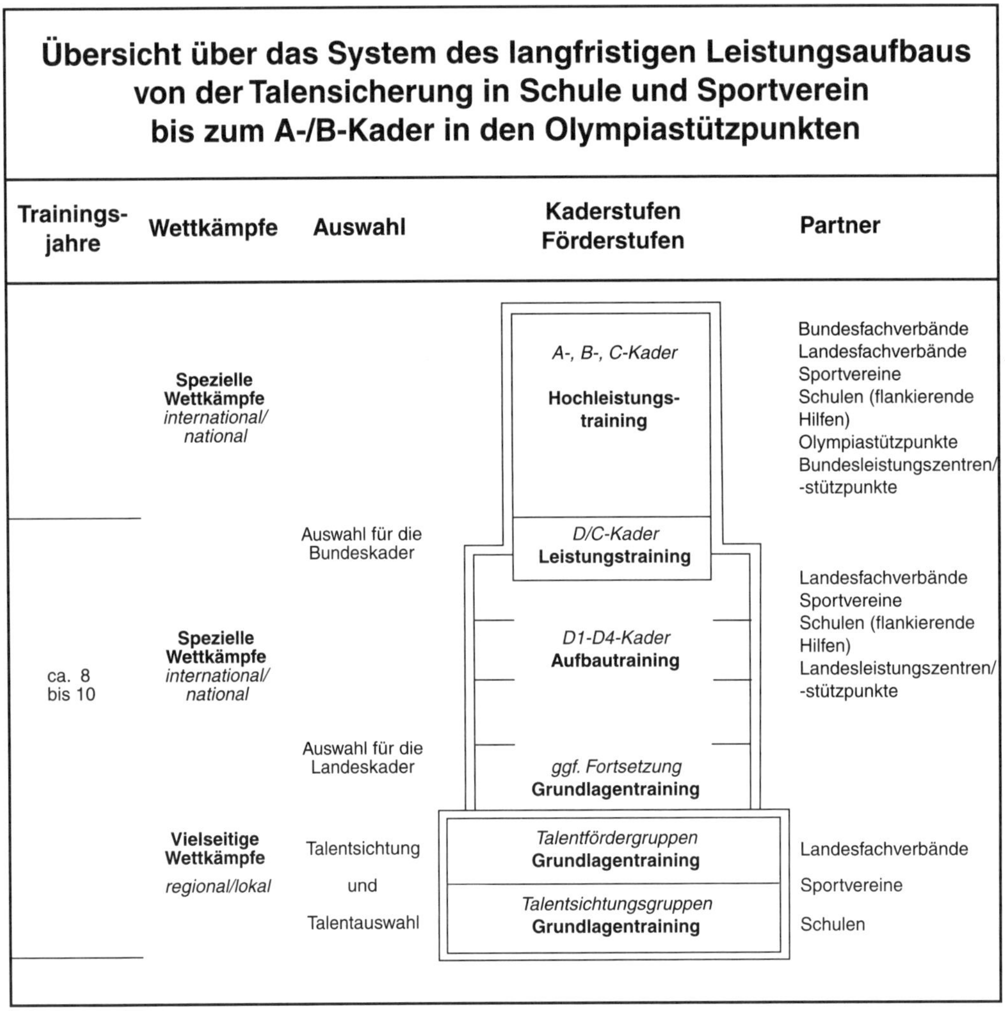

Abb. 3: System des langfristigen Leistungsaufbaus

vielfältig diskutiert geworden. Diese „Erfolge“ können durch die Abnutzung der speziellen Trainingsmittel, durch gesundheitliche Folgen dieses Trainings sowie durch Motivationsprobleme in aller Regel nicht bis in das Höchstleistungsalter der jeweiligen Sportart konserviert bzw. ausgebaut werden.

Durch die Verbindung von entwicklungsgemäßen Trainingsplänen mit Wettkämpfen, die Inhalte eines solchen vielseitigen Trainings einfordern, kann das Problem der frühen Spezialisierung aufgebrochen werden, wenn diese Absicht von allen Beteiligten, also Athleten, Trainern, Verbandsvertretern und Eltern ernstgenommen wird!

3 Anforderungsprofil und leistungsbestimmende Faktoren der Sportart Rugby

Die in den Jahren 1996, 1998 und 2000 entscheidend geänderten Rugby-Spielregeln fördern heute ein Spiel mit langen, dynamischen Spielsequenzen, in denen die Positionen der Spieler nach Verlassen der Standardsituationen völlig nebensächlich sind. Immer mehr Elemente des 7er und 13er Rugby kommen hinzu. Die komplexen technisch-taktischen Elemente müssen jederzeit variabel verfügbar sein, denn an den sich häufenden blitzschnellen dynamischen Kleingruppenkämpfen nehmen nicht nur die Stürmer teil und die Hintermannschaftsspieler warten auf das Abspielen des Balles, sondern es findet ein ständiger Rollenaustausch statt.

variable Verfügbarkeit der technisch-taktischen Elemente

Aktuelle statistische Studien im Leistungsbereich (Testspiele im Sommer 2000 und die Rugby Weltmeisterschaft 1999 haben ergeben, dass ca. 15 % der Spielhandlungen beim Rugby weniger als 15 Sekunden dauern, ca. 40 % zwischen 15 und 30 Sekunden, 25 % zwischen 30 – 60 Sekunden und 20 % der Spielhandlungen dauern länger. Die Belastungen von weniger als 15 Sekunden sind in der Regel in der Intensität maximal (z.B. angeordnetes Gedränge, Paket oder Sprints des Ballträgers und seiner Unterstützer).

Während der 2 mal 40 Minuten Spieldauer variiert die Belastungsintensität: Spielsequenzen von 10 - 20 Sekunden wechseln mit Spielhandlungen in Form von Angriffs-, Verteidigungs- und Gegenangriffsketten von 20 - 90 Sekunden Dauer. Nach je 4 - 6 kurzen Unterbrechungen (15 - 30 Sekunden, durch einen Gassentritt, die Formierung eines angeordneten Gedränges, 22 m-Antritt) kommt in der Regel eine längere Pause von bis zu einer Minute, bedingt durch die Erzielung von Punkten, Auswechslung oder Verletzung. Maximale Belastungsmomente werden abgelöst von submaximalen oder leichtem Laufen sowie von kurzen Pausen, die während der Formierung eines angeordneten Gedränges, einer Gasse oder einer Verletzung entstehen. Die Belastung im Spielverlauf variiert auch bezogen auf die Spielpositionen.

einzelne Spielpositionen unterschiedlich belastet

Nach den Analysen von Jean-Yves Nérin und Marcel Peyreblanques besteht die Belastung der Stürmer aus den ersten beiden Reihen zu ca. 53 % aus Laufen und 47 % aus Kampfhandlungen, die der dritten Reihe zu 64 % bzw. 36 %. Für die Hintermannschaftsspieler ist das Laufen (Sprint sowie Unterstützung) mit 80 % dominant, sie nehmen weniger an Balleroberungen teil (bis zu 20 %). Daraus ist ersichtlich, dass beim Rugbyspiel, trotzdem es ausgeprägte Kampfelemente hat, das läuferische Element auf allen Positionen Vorrang hat. Dabei ist das Verhältnis Laufen/Kampfhandlungen bei den ersten beiden Reihen noch relativ ausgeglichen.

Die Entwicklung der Kraft in allen Erscheinungsformen ist neben den läuferischen Qualitäten ein entscheidender Leistungsfaktor beim Rugby. Die Abhängigkeit der Leistung von dem Niveau der Kraftentwicklung ist vor allem bei den Stürmern offensichtlich: ohne eine hohe Maximalkraftleistung (vor allem im angeordneten Gedränge) sowie einer guten Kraftausdauer während der gesamten Spielzeit können sie nicht erfolgreich agieren. Die Hintermannschaftsspieler benötigen eher eine hohe Schnellkraft.

Abhängigkeit der Leistung vom Niveau der Kraftentwicklung

Von hoher Bedeutung ist auch die Beweglichkeit. Sie bestimmt beispielsweise im Rugby in vielen Positionen den Wirkungsgrad der Bewegungshandlungen (z.B. des Haklers im angeordneten Gedränge, des Fängers und der Unterstützer in der Gasse usw.). Wesentlich an einer gut ausgebildeten Beweglichkeit ist zudem, dass sich die Verletzungsgefahr verringert, z. B. bei einem zusammenbrechenden Gedränge oder beim Tackling bzw. getacklet werden.

gute Beweglichkeit verringert die Verletzungsgefahr

Nicht nur diese allgemeinen Daten, sondern auch jene, die die 10 verschiedenen Positionen charakterisieren, können objektiviert werden. Aus diesen Erkenntnissen heraus lassen sich die Trainingsinhalte sowohl den Altersklassen als auch den Anforderungen an die einzelnen Spielpositionen zuordnen.

Das Anforderungsprofil bezogen auf einzelne Spielpositionen stellt sich wie folgt dar:

Anforderungsprofil Stürmer:

- Erste Reihe außen: Maximalkraft, Kraftausdauer, Konzentrationsausdauer, Bereitschaft für wiederholte Konfrontationen mit dem Gegner, Aggressivität
- Hakler: Maximalkraft, Kraftausdauer, Geschicklichkeit, Beweglichkeit vor allem im Schulter- und Hüft-Lendenbereich
- Zweite Reihe: Maximalkraft, Kraftausdauer, Schnellkraft
- Dritte Reihe: Schnellkraft, Kraftausdauer, Schnelligkeitsausdauer

Anforderungsprofil Hintermannschaft:

- Gedrängehalb: Reaktionsschnelligkeit, Aktionsschnelligkeit, Konzentrationsausdauer, rascher Wechsel der Aufmerksamkeit, taktisches Denken
- Verbinder und Schluss: Aktionsschnelligkeit, Schnelligkeitsausdauer, taktisches Denken, Beobachtungsfähigkeit, Risikobereitschaft, Gewandtheit
- Innen: Aktionsschnelligkeit, Schnellkraft, Schnelligkeitsausdauer, Gewandtheit
- Außen: Schnelligkeitsausdauer, Schnellkraft, Gewandtheit

Die hohen athletischen Anforderungen des Rugbyspiels erfordern es, schon vom Trainingsbeginn im frühen Schulkindalter an eine genaue und langfristige Planung für die altersangepasste Entwicklung der konditionellen und koordinativen Fähigkeiten zu verfolgen.

hohe athletische Anforderungen

Bei mangelnder konditioneller Ausbildung entstehen Nachteile, die nicht zu kompensieren sind :

Nachteile der mangelnden konditionellen Ausbildung

- Das Spiel kann nicht körperlich dominiert werden. Sich physisch durchzusetzen bedeutet für die Spieler oft eine Voraussetzung der technischen und taktischen Überlegenheit. Außerdem entmutigt und desorganisiert es die Gegner.
- Zusammenbruch der Technik, vor allem gegen Spielende, wenn die Ermüdung zunimmt
- Abnahme der Konzentrationsfähigkeit
- Verletzungsanfälligkeit.

Die große Komplexität des Zielspiels erfordert aber auch einen systematischen und langfristigen Prozess der breiten technischen und taktischen Ausbildung. Unter den Prämissen der Entwicklungsgemäßheit und der Vielseitigkeit wird in Kapitel 6 durch eine langsam zunehmende Spezialisierung und Regeleinführung das Zielspiel Rugby mit seinen komplexen Anforderungen entwickelt.

4 Didaktisch-methodische Grundlagen für das Kinder- und Jugendtraining

4.1 Rugby in der schulischen Erziehung und Ausbildung anderer Länder

Rugby als Schulsport

Rugby und alle mit ihm verwandten Ballspiele sind in ihrer heutigen Form in den Public Schools der britischen Insel entstanden. Heute hat lediglich noch das Rugbyspiel an den Schulen der angelsächsischen Länder, aber auch in Argentinien, Frankreich, Italien und Spanien, eine herausragende Rolle. Das Rugbyspiel wird in den Schulen dieser Länder neben dem normalen Sportunterricht mit einer Intensität betrieben, wie es in Deutschland nicht vorstellbar ist. Bis zu drei Trainingseinheiten pro Woche und zusätzlich ein Spiel gegen andere Schulmannschaften sind dort fast durchgängig üblich.

Die Pädagogen in diesen Ländern weisen Rugby gegenüber anderen Ballspielen Merkmale zu, die es für die Erziehung und Ausbildung von Kindern und Jugendlichen besonders geeignet macht.

Diese Eigenschaften sind:

jeder kann Rugby spielen!

- *Es gibt keinen typischen Rugbyspieler*: Von der physischen Konstitution her kann jeder Rugby spielen. Es gibt in einer Mannschaft so viele verschiedene Aufgabengebiete, auf denen die unterschiedlichsten Spielertypen Optimales leisten können, so dass aus fast jeder beliebigen Gruppe von Schülern ein Team zusammengestellt werden kann.

nur im Zusammenspiel erfolgreich

- *Der stark mannschaftlich ausgeprägte Charakter des Spiels:* Im Gegensatz zu fast allen anderen Spielen gibt es im Rugby Gruppentechniken, die ein gemeinschaftliches Handeln unerlässlich machen. Der Einzelkönner ist nur im Zusammenspiel mit seinen Mitspielern erfolgreich. Rugby kann niemals allein gespielt bzw. seine technischen Elemente ohne Partner geübt werden. Andere Spiele geben dem Übenden beim alleinigen Spielen mit dem Ball schon eine gewisse Befriedigung. Rugby selbst macht nur im Vollzug des Spiels mit Anderen Spaß.

Spielen von Anfang an möglich

- *Schnelle Realisierung des Spiels:* Elementarisierte Spielformen des Rugbys können auf Grund des geringen Anspruchs an die technischen Fertigkeiten des Anfängers schon nach einer kurzen Regelerklärung sofort gespielt werden.
- Auch Späteinsteiger in den Rugbysport können höchstes Spielniveau erreichen.
- Gute Möglichkeiten der Reduzierung des Spiels auf die wichtigsten Elemente und die Spielidee.

- Gute Variationsmöglichkeiten des Regelwerks und damit Anpassung an die speziellen Gegebenheiten.
- Kanalisierter Abbau von Aggressionen.
- Koedukation möglich durch das Verbot des Tiefhaltens, ersetzt durch einen Zwei-Hand-Touch an den Hüften des Ballträgers (ohne Kontakt (OK)- Rugby, Touch-Rugby).
- Gute Einbeziehung technisch weniger versierter Spieler.
- Hohe Bewegungsintensität und vielseitige körperliche Belastung.
- Hohe geistige Beanspruchung durch große taktische Vielfalt.

Dieses pädagogische und sportliche Potenzial des Rugbyspiels muss möglichst umfassend realisiert werden. Es legitimiert Rugby in der Breite als Schulsportart, es ist aber auch unerlässlich für den Spitzenbereich, in den letztendlich nur der gut ausgebildete und mündige Athlet vorstoßen wird.

großes pädagogisches und sportliches Potenzial

4.2 Vielseitigkeit und Entwicklungsgemäßheit statt Frühspezialisierung

Durch das heute immer öfter auftretende Problem der Einengung der Spielumwelt und durch das veränderte Freizeitverhalten bezogen auf Computer und Fernsehen leiden heute viele Kinder an Bewegungsmangel, an fehlenden Bewegungserfahrungen, die in Schule und Sportverein durch ein vielseitiges, altersbezogenes Trainingsangebot kompensiert werden müssen.

Bewegungsmängel werden durch ein vielseitiges Trainingsangebot kompensiert

Bei dieser Ausgangssituation und den komplexen Belastungen des Rugbyspiels kann nur ein aufeinander aufbauender, langfristiger und mehrstufiger Trainings- und Ausbildungsprozess die Möglichkeit zur Entwicklung einer individuellen Spielerpersönlichkeit mit großer Wettkampfstabilität und mit einem persönlichen Stil in der technischen und taktischen Ausprägungen absichern.

Dieser langfristige Ausbildungsprozess von 10-12 Jahren wird in 5 Förderstufen unterteilt. So ergibt sich ein festgelegter Aufbauplan, in dem die Ziele und Inhalte des Trainings etappenweise und entwicklungsgemäß aufeinanderfolgen.

langfristiger Ausbildungsprozess

Dabei sind die ersten beiden Förderstufen, die Grundausbildung und das Grundlagentraining, durch die besondere Schwerpunktsetzung auf eine vielseitige körperliche Ausbildung für die weiteren Entwicklungsmöglichkeiten entscheidend. Eventuelle Fehler in diesen Jahren können später nur mühsam korrigiert werden.

vielseitige körperliche Ausbildung

Verschiedene Bewegungsmuster durch das Ausüben anderer Sportarten im Kindesalter (Turnen, Schwimmen, Sportspiele oder allgemeine Leichtathletikausbildung) ebenso wie sportartunspezifische Grund-

breite motorische Basis

bewegungen (Laufen, Springen, Werfen, Klettern) führen zu einer breiten motorischen Basis.

Das Grundlagentraining ist der Einstieg in eine vielseitige Allgemeinausbildung im Rugby. Spieler ohne Allgemeinausbildung verbleiben später sehr oft auf mittelmäßigem Leistungsniveau.

Schwerpunkte in der Koordination Bewegungsschulung

Vor der Pubertät erzielt man durch ein breites Übungsangebot große Lernfortschritte im koordinativ-konditionellen Bereich. Die koordinativen Fähigkeiten erreichen in diesem Alter z. T. Erwachsenenwerte. Schwerpunkte liegen im Bereich der koordinativen Bewegungsschulung und der Weiterentwicklung konditioneller Grundlagen.

vielfältiges Bewegungsangebot

Methodisch sollten im Kindertraining koordinative, konditionelle sowie technisch-taktische Inhalte hauptsächlich durch Spiel- und Wettkampfformen geschult werden. Die für dieses Alter typischen Entwicklungsprozesse sollten durch kleine Spiele, Staffeln und ein vielfältiges Bewegungsangebot unterstützt und gefördert werden. Schwierige technische Abläufe können schneller und besser in ihrer phasenhaften Verbindung erlernt werden. Dabei muss eine übermäßige Belastung der Wirbelsäule vermieden und vor allem der Halte- und Stützapparat gefestigt werden.

limitierte Bewegungserfahrungen beim frühspezialisierten Training

Im Vordergrund der Ausbildung darf nicht die Vorbereitung der Mannschaft auf bestimmte Spiele oder Turniere, sondern die Entwicklung der einzelnen Jugendlichen stehen. Die frühzeitige Schwerpunktverlagerung auf ein sportartspezifisches Training kann zwar relativ schnell zu überdurchschnittlichen Leistungen und Erfolgen führen, doch je früher und höher Ziele gesetzt werden, die nicht durch eine gute allgemeine psychophysiologische Belastungs- und Erholungsfähigkeit gedeckt sind, um so steiler und unaufhaltbarer sinkt die Entwicklungs- und Motivationskurve. Eine Leistungsstagnation stellt sich ein. Durch die limitierten Bewegungserfahrungen im spezialisierten Training kann nur eine begrenzte Anzahl von Bewegungsabläufen abgefragt werden. Es folgt eine Demotivation , vielleicht sogar eine enttäuschte Abwendung von der Sportart.

freie Entfaltung gestatten

Die für die Spezialisierung typischen einseitigen und monotonen Belastungen und Beschränkungen auf rugbyspezifische Bewegungsabläufe, und insbesondere das einen Perfektionismus anstrebende positionsspezifische Training, schränken die freie Entfaltung der natürlichen motorischen Vielfalt des Kindes durch ständige Vorgaben und Korrekturen stark ein.

frühe Spezialisierung führt zu Sportschäden

Durch das Vermeiden einer frühen Spezialisierung können zudem sportartspezifische Schäden am Stütz- und Bewegungsapparat des späteren Leistungssportlers vermieden werden. Auch führen Fehlbelastungen zu einer asymetrischen Ausbildung der Muskulatur, es kommt zu einer ungleichmäßigen Ausbildung im Bewegungsapparat zwischen Beugern und Streckern. Spätere Sportschäden im Fuß-, Knie- und Hüftgelenk oder der Wirbelsäule sind damit vorprogrammiert.

Erst im Jugend- und Juniorentraining ändern sich diese Zielsetzungen. Die Trainingsinhalte müssen auf eine Stabilisierung der Technik sowie die Ausbildung rugbyspezifischer konditioneller Fähigkeiten ausgerichtet werden. Umfang und Intensität nehmen stark zu, ein Schwerpunkt ist die Entwicklung der rugbyspezifischen Grundlagen. Im Leistungstraining erfolgt dann zusätzlich eine Periodisierung des Trainings, bei der die Übergangs- und Aufbauperioden sich zyklisch mit den Vorbereitungs- und Wettkampfperioden abwechseln und konsequent auf Zielmaßnahmen hin gearbeitet wird.

andere Zielsetzungen erst im Jugend- und Juniorentraining

5 Modell der Talentsuche und Talentförderung im Rugby

5.1 Grundlagen

Talentsuche sichert die Weiterentwicklung

Die Talentsuche spielt für den langfristigen Aufbau und die Ausbildung von Nachwuchsrugbyspielern eine herausragende Rolle. Dabei ist für die Vereine der Weg in die Schule sowie eine enge Zusammenarbeit Schule - Sportverein für die Zukunft des deutschen Rugbysports unerlässlich und entscheidend. Nur die ständige Talentsuche, das Werben um die gesichteten Jugendlichen sowie ihre Bindung durch einen langfristigen entwicklungsgemäßen Leistungsaufbau können eine Weiterentwicklung des deutschen Rugby-Sports sichern.

regelmäßige Fortbildung der Sportlehrer

Parallel ist es erforderlich, den Grundschullehrern und allen interessierten Lehrer regelmäßige Fortbildungsmaßnahmen für das Sportspiel Rugby anzubieten. Einfache Formen des Rugbyspiels, wie z.B. das körperkontaktlose OK-Rugby, können dann im Sportunterricht eingeführt werden. Anschließend können interessierte Schulen an dem jährlich organisierten Bundesfinale der Schulen teilnehmen. Die Zusammenarbeit der Sportvereine mit den Schulen muss auch durch die Einrichtung gemeinsamer Gruppen, wie z.B. Sportarbeitsgemeinschaften oder Neigungsgruppen, intensiviert werden.

Aus- und Fortbildung der Nachwuchstrainer

Durch die regelmäßig angebotene Ausbildung der Trainer im Nachwuchsbereich werden in nächster Zukunft voraussichtlich genügend qualifizierte Betreuer zur Verfügung stehen, um durch diese Zusammenarbeit mit der Schule die Nachwuchsarbeit in den Vereinen entscheidend zu verbessern.

5.2 Sichtung, Eignung, Bindung und Auswahl

Schaffung einer breiten Basis

Das Hauptbedürfnis der Vereine besteht zur Zeit in der Schaffung einer breiteren Basis im Nachwuchsbereich. Deshalb haben Maßnahmen, die Kinder und Jugendliche beiderlei Geschlechts für Rugby interessieren, sie gewinnen und letztlich im Verein binden, oberste Priorität. Da die Möglichkeit besteht, jeden somatischen Typ später in eine der 10 unterschiedlichen Positionen einer Mannschaft zu integrieren, sollte auf jeden Fall auch den auf den ersten Blick weniger talentiert erscheinenden

Kindern und Jugendlichen die Gelegenheit gegeben werden, Spaß am Rugbyspiel zu finden, sich zu kräftigen und harmonisch zu entwickeln. „Talente“ zeigen überdurchschnittliche Leistungen sowie hohe Stigerungsmöglichkeiten. Diese Jugendlichen für den Sportverein zu interessieren und sie dauerhaft zu binden, muss immer Ziel der Talentsuche sein. Eine systematisch durchgeführte Sichtung, vor allem in den Schulen aus dem Umfeld des Vereins, kann jährlich neue Kinder und Jugendliche heranziehen. Durch die jährlichen Sichtungen und die Einbeziehung der begabten Spieler werden die Talentsichtungsgruppen qualitativ immer wieder verbessert. Diese jugendlichen Talente können aber nur über eine langfristige optimale Gestaltung des Trainingsprozesses an den Verein gebunden werden und durch die Berücksichtigung ihrer Interessen, Bedürfnisse und Motivationen: die Kinder wollen gute Rugbyspieler werden, ihre Fähigkeiten verbessern, neue Freundschaften schließen und von den Mitspielern und dem Trainer anerkannt und akzeptiert werden.

dauerhafte Bindung der Jugendlichen

Eine rein vom Gesundheitszustand ausgehende Eignung wird im weiteren Verlauf des Ausbildungsprozesses durch zunehmend spezifische Parameter einer Leistungsdiagnostik ergänzt. Eine regelmäßige, wenn möglich jährliche Prüfung des Gesundheitszustandes, der funktionelle Zustand des Herz-Kreislaufsystems, des Atemapparats, aber auch des Nerv-Muskel-Systems sollte schon ab dem ersten Jahr des Aufenthalts in den Talentsichtungsgruppen vorgenommen werden. In den späteren Förderstufen, spätestens jedoch ab dem Aufbautraining der 13/14 Jährigen sollte auch eine Beurteilung der körperlichen Entwicklung, der Leistungsfähigkeit sowie ab dem 15–16 Lebensjahr des Trainingszustandes hinzukommen. Eine aussagekräftige Testbatterie, die regelmäßig den Entwicklungsgrad der konditionellen Fähigkeiten im Bereich der Schnelligkeit, Schnellkraft, allgemein-aeroben Ausdauer und der Maximalkraft im Oberkörperbereich anzeigt, hat einen zusätzlichen prognostischen Wert für die leistungssportliche Entwicklung.

regelmäßige Prüfung des Gesundheitszustandes

5.3 Kadersystem und Kaderbildung

Kadersystem der DRJ

Um eine gezielte Nachwuchsförderung zu schaffen und jene Jugendlichen frühzeitig zu erkennen und langfristig zu fördern, die eine hohe Entwicklungsperspektive haben, hat die Deutschen Rugby-Jugend folgendes Kadersystem entwickelt.
D1/D2-Kader: 11–12-Jährige (Schüler „B“) auf Landesebene. Die Berufungsmodalitäten und -zeitpunkte werden von den Landesfachverbänden festgesetzt. Die Maßnahmen finden unter der Leitung eines Verbandstrainers statt.

D3/D4-Kader: 13–14-Jährige (Schüler „A") auf Landesverbandsebene. In diesem Bereich sollten zusätzlich die ersten länderübergreifenden Fördermaßnahmen von 2-3 beteiligten Landesverbänden angestrebt werden.
D/C-Kader: 15–16-Jährige („Jugendrugby"). In dieser Altersklasse werden erstmals Landesverbandsmeisterschaften ausgetragen. Die besten Spieler werden erstmals in zentrale Schulungsmaßnahmen des Spitzenfachverbandes einbezogen.
C-Kader: 17–19-Jährige (Junioren). Der Bundes-Nachwuchskader der Deutschen Rugby-Jugend umfasst die besten 35–40 Spieler der entsprechenden Jahrgänge sowie jene mit der höchsten Erfolgsperspektive. Zielmaßnahme ist die erfolgreiche Teilnahme an der jährlich stattfindenden Junioren-WM.
Da das Rugbyspiel eine stark körperbetonte Sportart ist, wird streng darauf geachtet, dass auch Ausnahmeathleten nicht vor Ablauf der festgesetzten Verweildauer in den nächsthöheren Kader aufsteigen können. Andererseits werden jene Spieler, die den C-Kader verlassen und nicht direkt in den B/A-Kader aufsteigen, kaum noch gefördert, und können später somit nur schwer nachrücken. Dieses strukturelle Problem ist durch den Aufbau einer U 21 z. Zt. nur teilweise gelöst.

Ausbildungsetappe **Altersstufen**	**Kaderstruktur**	**Wettkampfsystem**
LEISTUNGSTRAINING Junioren17/19	C-KADER ↑	Junioren-WM DM - Junioren Landesverbandsmeisterschaften
AUFBAUTRAINING Jugend 15/16	D/C-KADER ↑	Landesauswahl Landesverbandsmeisterschaften
GRUNDLAGENTRAINING Schüler „A"13/14 und Schüler „B" 11/12	D3/D4-Kader D1/D2 Kader ↑	Regionale Wettkämpfe Schulwettkämpfe
GRUNDAUSBILDUNG 7/10-Jährige und jünger	Talentsichtungsgruppen Neigungsgruppen Schulsport	Lokale Turniere

Abb. 4: Kaderbildung und Ausbildungsstruktur in der Deutschen Rugby-Jugend

Die Ausbildung in den Förderstufen

6

6.1 Grundausbildung (Förderstufe 1, 7–10-Jährige)

Der Eintritt in den Sportverein findet im Rugby vornehmlich im Altersabschnitt zwischen 7 und 10 Jahren statt. Um die Kinder an den Verein zu binden und sie fürs Rugbyspiel zu begeistern, muss das Trainingsangebot vielfältig und attraktiv sein. In dieser Entwicklungsphase, dem sogenannten „frühen Schulkindalter“, sollte der Freude am Spiel freier Lauf gelassen, durch schöne und abwechslungsreiche Spielkombinationen auch das ästhetische Handeln gefördert werden. Dabei werden die Kinder nicht nur die Sportart in spielerischer Weise entdecken, sondern auch erfahren, wie man miteinander kooperieren und kommunizieren kann, wie man Regeln einhält und Regelverstößen begegnet. In diese „Spielgruppen“ sollen möglichst viele Jungen und Mädchen aufgenommen werden. Der Trainingsablauf sollte dynamisch sein: kurze Erklärung der Übungen wegen der eingeschränkten Aufmerksamkeit, vereinfachte Anforderungen, schnelle Aufeinanderfolge der Übungen sowie kurze Trainingseinheiten.

6.1.1 Zielsetzung der Grundausbildung

Die Hauptziele des Trainings in dieser Ausbildungsphase sollten eine harmonische Körperentwicklung sowie die Verbesserung der allgemeinen Belastungsfähigkeit sein. Davon ausgehend, muss man eine gezielte Entwicklung der für die normale Körperhaltung verantwortlichen Muskelgruppen (vor allem der Rückenstreck- und Beinmuskulatur) anstreben und regelmäßige Ausdauerbelastungen von niedriger Intensität durchführen. Hinzu kommt der Aufbau einer breiten psychomotorischen Erfahrungsbasis durch kleine Spiele mit und ohne Ball, Geschicklichkeitsaufgaben, Hindernisturnen, Lauf- und Sprungkombinationen. Wenn die Kinder nun auch noch Grobformen der sportlichen Technik des Rugbys und elementare Taktikbegriffe erlernen, dann sind einerseits wichtige Grundlagen zur Vermeidung von Schäden an Binde- und Stützgewebe geschaffen, andererseits aber auch die Voraussetzungen für die weitere Entwicklung in der Sportart gegeben. Trainingsschwerpunkte sind die Kräftigung der Gelenke und Bänder, das Sammeln von Bewegungserfahrung, Technikschulung und Koordinationserwerb. Dabei wird ein Ausprägen der koordinativen Fähigkeiten, welche ein schnelleres Erlernen der Technik ermöglichen, sowie eine Anpassung an systematische Belastungssteigerungen angestrebt. Abgelöst werden muss ein Trainingsverständnis, das schon in den untersten Altersklassen von hohem Leistungsdruck geprägt ist, in denen z. Zt. sogar noch Deutsche Meisterschaften ausgespielt

Förderstufe / Alter	Dauer / Umfang	Auswahlkriterien	Ausbildungsschwerpunkte
1. Grundausbildung 7 – 10 jährige Schüler D/C	3 Jahre 2 Trainingseinheiten (TE)/Woche 45 – 50 min. Schüler D 50 – 60 min. Schüler C in Verein oder Schule	• Interesse und Gesundheit • Unterstützung durch die Eltern	• Entwicklung der koordinativen Fähigkeiten • Schaffung einer breiten konditionellen Basis • Vielseitige Bewegungserfahrungen • Grobformen der Technik • Kleine Spiele/Staffeln • Vielseitiges Trainingsangebot
2. Grundlagentraining 11 – 12 jährige Schüler B	2 Jahre 2 TE/Woche 60 – 90 min. TE in Verein oder Schule	• Interesse und Gesundheit • Lernfortschritte • Rugbyspezifische Leistungsvoraussetzungen (Koordination, Schnelligkeitsfähigkeiten, Beweglichkeit)	• Erlernen der technisch-taktischen Elemente des Rugbyspiels • Weitere allgemeine und spezielle koordinative sowie allgemein-konditionelle Ausbildung
3. Aufbautraining I 13 – 14 jährige Schüler A	2 Jahre 3 TE/Woche 90 – 100 min./Te	• Sportartspezifische Leistungsvoraussetzungen • Gehobene Motivation	• Entwicklung der leistungsbestimmenden konditionellen Fähigkeiten • Erlernen von komplexen technisch-taktischen Elementen
4. Aufbautraining II 15 – 16 jährige Jugend	2 Jahre 3 TE/Woche 100 – 120 min. TE	• Hohe Belastungsverträglichkeit • Hohes Motivationsniveau • Entwicklung der speziellen Leistungsvoraussetzungen	• Vervollkommnung der sportlichen Grundtechnik positionsspezifischen Elemente • Fortführung der allgemeinen Ausbildung
5. Leistungstraining 17 – 19 jährige Junioren	3 Jahre 4 TE/Woche Teilnahme an den C-Kadermaßnahmen mit bis zu 2 TE/Tag 120 min./TE	• Hohe Belastungs- und Erholungsfähigkeit • Leistungssportlicher Lebensstil	• Hohe Spezialisierung des Trainings • Variable Verfügbarkeit der sportlichen Technik • Entwicklung eines stabilen Wettkampfverhaltens

Abb. 5: Übersicht zu Aufbau und Inhalten der Ausbildungsstufen

Taktik / Regeln	Kognitiv-soziale Lerninhalte	Wettkampf
• Einfache taktische Zusammenhänge erkennen • Pass zum besser positionierten Mitspieler • Spiel mit der Hand ist im Vordergrund • Keine Kicks, Gasse oder Gedränge • 6 – 7 Spieler	• Fair play • Freude am Rugbyspiel in abgesteckten Freiräumen • Sich spielerisch entfalten • Mut und Kampfgeist entwickeln	• Vielseitigkeitswettkämpfe • Touch-Rugby-Spiele und Turniere • Mini-Rugby nach DRJ-Regeln für diese Altersklasse
• Vergrößerung des individualtaktischen Repertoires • Einführung von gruppentaktischem Verhalten unter vereinfachten Bedingungen • Einführung der 2er Gasse und des 3er Gedränges • Das Fußspiel wird erlaubt • 7 – 8 Spieler	• Taktische Disziplin, d. h. allgemeine taktische Konzepte einer Position erfüllen und über eine Spieldistanz durchhalten • Schiedsrichterentscheidungen akzeptieren • Gegner als Spielpartner anerkennen • Selbstvertrauen und Selbstbewusstsein entwickeln	• Mini-Rugby nach den für diese Altersklasse festgesetzten Regeln
• Taktikschulung gewinnt an Gewicht • Kollektives Taktiktraining der Mannschaftsteile • Komplexität des gruppen- und individualtaktischen Verhaltens wächst durch die größere Spielerzahl • 5er Gedränge mit aktivem Druck • bis zu 4 Spielern in der Gasse • 12 Spieler	• taktische Traineranweisungen im Spiel umsetzen • Aggressionen im Spiel kontrollieren und danach abbauen	• Mini-Rugby-Spiele und Turniere mit altersspezifischen Regeln und Spielfeldausmaßen
• Zunehmendes Spezialisierung auf eine Position • Die gruppentaktische Ausbildung erhält eine immer größere Bedeutung • 12 – 15 Spieler • Komplettes Regelwerk	• Konzentrations- und Aufmerksamkeitstraining • Konstruktiv-positive Gesprächskultur mit den Mitspielern entwickeln • Leistungsbereitschaft und Motivation fördern	• Teilnahme der Landesverbände an den Deutschen Meisterschaften
• Es wird spielnah und situationsgerecht unter Zeit- und Raumdruck trainiert • 2 – 3 Angriffs- und Verteidigungssysteme werden erlernt, diese setzen ein hohes Technik- und Taktikniveau voraus	• Persönlichkeitsstabilisierung	• Teilnahme an der Junioren-Weltmeisterschaft • Länderspiele • Teilnahme der Landesverbände an den Deutschen Meisterschaften

werden (!?!). Hohe Erwartungen der Eltern den Kindern und Trainern gegenüber, schnelle Siege zu erringen, tragen dazu bei, dass auch die Trainingsschwerpunkte anders gesetzt werden: meist hartnäckiges und monotones Wiederholen von elementaren Passübungen sowie Einstudieren „gewinnbringender" Spielzüge. Ein solches Training nimmt dem Kind den Freiraum, um sich selbst zu entfalten, und nimmt ihm zusätzlich die Freude am Spiel.

6.1.2 Die sportliche Ausbildung

6.1.2.1 Training der koordinativen Fähigkeiten

Dadurch, dass das Rugbyspiel ein Hand- und Fußspiel ist, durch die Schnelligkeit der Aktionen in Zusammenhang mit Kraft, Ausdauer und Beweglichkeit (z.B. die Stürmer im angeordneten und offenen Gedränge oder die Hintermannschaft beim Passangriff und Kickspiel), stellt es höchste koordinative Anforderungen an den Spieler.
Nach H. de Marrées ist die Koordination „das räumlich - zeitliche Zusammenwirken von einzelnen Teilbewegungen im Rahmen einer Gesamtbewegung, die ein optimales Zusammenspiel des Nervensystems als Steuerorgan und der Muskulatur voraussetzt. D. Martin unterteilt sie in 5 Fähigkeiten, welche besonders im frühen und späten Schulkindalter „lohnend" trainierbar sind, da sie sich später stabilisieren und kaum noch verbessert werden können:

1. Die kinästhetische Differenzierungsfähigkeit bezeichnet „relativ verfestigte und allgemeine Verlaufsqualitäten bei der Durchführung von Bewegungen". Z. B. das Ballgefühl beim Passen, Annehmen oder Kicken ist durch die zeitliche Bewegungsstruktur und die verschiedenen Muskelanspannungen ein Ausdruck des Ausprägungsgrades dieser koordinativen Fähigkeit.

2. Die räumliche Orientierungsfähigkeit begründet sich „auf der Beobachtungsfähigkeit und der Verarbeitung vorwiegend optischer Informationen zur raumorientierten Bewegungssteuerung". Dabei geht es vor allem um die raumorientierte Steuerung von Bewegungshandlungen aufgrund vorwiegend optischer Informationen durch die Beobachtung von Mitspielern, Gegnern und dem Ball im Spielfeld.

3. Die Gleichgewichtsfähigkeit bezeichnet „das Halten bzw. Wiederherstellen des Gleichgewichts bei wechselnden Situationen und dem Lösen motorischer Aufgaben auf kleinen Unterstützungsflächen und bei labilen Gleichgewichtsverhältnissen".

4. Die komplexe Reaktionsfähigkeit ist „die zweckentsprechende Einleitung und Ausführung kurzzeitiger Bewegungshandlungen auf unterschiedliche Signale", wobei auch die verschiedenen Bewegungshandlungen in möglichst kurzer Zeit koordiniert werden müssen.

5. Die Rhythmusfähigkeit bezeichnet „das Erfassen, Speichern und Darstellen von vorgegebenen bzw. in der Bewegung selbst enthaltenen zeitlich - dynamischen Strukturen".
Eine gute Schulung dieser Fähigkeiten führt zu einem leichteren sowie schnelleren Erlernen und Beherrschen der rugbyspezifischen Technik und stellt somit eine Grundvoraussetzung für erhöhte Bewegungsqualitäten und Bewegungserfahrungen dar. So werden schon im frühen Schulkindalter wichtige Grundlagen zum späteren Erlernen vielfältiger und variabel verfügbarer Techniken geschaffen.

Übungsformen zur Schulung der koordinativen Fähigkeiten

- **Elemente der Grundgymnastik**
  - Rolle vorwärts und rückwärts in den Stand
  - Sprungrolle und Hechtrolle vorwärts in den Stand
  - Kopfstand
  - Standwaage vorlings
  - Spezielle Gleichgewichtsübungen mit Partnerhilfe
  - Hock-Strecksprung mit halber und ganzer Drehung

- **Staffelspiele**
  - Laufen mit Richtungsänderungen und Drehungen
  - Medizinballstaffeln
  - Reifenstaffeln
  - Ballholstaffeln

- **Hindernisläufe**
  - Slalom-Kasten-Lauf
  - Rückwärtslauf
  - Slalom - Gleichgewichtslauf
  - Geschicklichkeitsparcours mit hohen koordinativen Anforderungen: Überspringen und Durchkriechen von Bänken und Hürden, Laufen mit halben und ganzen Drehungen, verbunden mit technischen Elementen des Rugbyspiels

- **Lauftests mit Geschicklichkeitsaufgaben**
  - Tragen, Passen oder Kicken von Rugbybällen in einer Zeiteinheit oder auf bestimmten Strecken
  - Schnelligkeitsschulung in Verbindung mit Reaktionsübungen

- **Übungen mit dem Seil**
  - mit einem Zwischensprung
  - mit zwei Zwischensprüngen
  - zu zweit
  - zu dritt

- **Ballspiele**
  - Fußball, Handball, Basketball, Volleyball
  - Wurf- und Fangvariationen mit verschiedenen Bällen
  - Spiel- und Bewegungsformen mit dem Ball: durch Einführung des gegnerischen Drucks sowie durch die Verkleinerung der Räume, kommen die Kinder unter Zeitdruck, womit ein vergrößertes Reaktions- und Anpassungsvermögen an veränderte Situationen erforderlich wird.

6.1.2.2 Training der konditionellen Fähigkeiten

Das Ausdauertraining

Hauptziele des Ausdauertrainings in dieser Altersklasse sind das Schaffen der Grundlagen für eine spätere hohe Belastbarkeit sowie die Förderung einer harmonischen Körperentwicklung. Da die Kinder schon im frühen Schulkindalter ein gutes Laufvermögen haben, bestehen positive Voraussetzungen für die Entwicklung der Grundlagenausdauer, sofern hauptsächlich im aeroben Bereich trainiert wird und die Übungen kindgemäß gestaltet werden. Allerdings müssen die konstitutionell bedingten Möglichkeiten berücksichtigt werden, da im Rugby oft auch schwergewichtige Kinder trainieren.

Das Ausdauertraining muss abwechslungsreich und spielerisch gestaltet werden, da die Monotonie, die eine kontinuierliche Belastung mit sich bringt, viele Kinder vom Ausdauertraining abschreckt.

Geeignet in dieser Phase sind relativ hohe Umfänge der Belastung (15–20 Minuten, ohne Streckenvorgabe) bei mittlerer Intensität, um die aerob/anaerobe Schwelle nicht zu überschreiten. Die Belastung sollte individuell dosiert und regelmäßig kontrolliert werden, wobei sowohl eine Unterforderung (Pulsfrequenz unter ca. 135 Schläge/Minute) als auch eine Überforderung (Pulsfrequenz über ca. 175 Schläge/Minute) vermieden werden soll.

Allgemeine Übungsbeispiele:

- **Dauerläufe ohne Zeitvorgabe**, jedoch mit attraktiv gestalteten Strecken: Hindernisse aufstellen die durchkrochen, übersprungen oder überklettert werden müssen
- **Geschicklichkeitsausdauerstaffeln:** z.B. Tragen mehrerer Rugbybälle (2–4) bis zur gegenüberliegenden Mallinie, Hochkick über die

Querlatte einer der Bälle und Rücklauf mit Ballübergabe an den nächsten Teilnehmer (Bälle Größe 3–4)

- **Pendelstaffeln mit unterschiedlichsten Aufgaben**
- **Kleine Mannschaftsspiele**
- **Fangspiele, Nummernwettläufe, Platzwechselspiele**

Das Krafttraining

Die Verbesserung der Kraftfähigkeiten in dieser frühen Ausbildungsphase bezieht sich auf die Kräftigung des Haltungs- und Bewegungsapparates, die Verbesserung der normalen Körperhaltung durch Stärkung der Rückenstreck- und Beinmuskulatur als Voraussetzung für die Entwicklung des Skelettsystems, der Muskulatur und des Herz-Kreislauf-Systems. Durch ein altersgemäßes Krafttraining werden die biologischen Entwicklungsprozesse unterstützt!

Methodische Grundregeln für das Krafttraining im frühen Schulkindalter

- Das Training überwiegend dynamisch gestalten und hauptsächlich unter Einsatz des eigenen Körpergewichts durchführen
- Die Entwicklung aller Muskelgruppen anstreben
- Zusatzlasten wie Medizinbälle oder Übungen mit Partner müssen wirbelsäulenschonend eingesetzt werden
- Das Training der Kraftfähigkeiten wird am besten in komplexe Übungsformen von Hindernisparcours oder Kletter-, Sprung- und Wurfformen eingebunden,
- Nach der Trainingseinheit Auflockerungs- und Atemübungen durchführen
- Parallele Entwicklung der Antagonisten (Gegenspieler der Hauptmuskelgruppen) beachten, um eine optimale Funktionalität der Bewegung zu erzielen

Allgemeine Übungsbeispiele:

- **Allgemein entwickelnde Übungen unter Einsatz des eigenen Körpergewichts:**
  - Beugehang, Klimmzüge, Liegestütze
  - Training der Bauch- und Rückenmuskulatur
  - Schlusssprung, Standweitsprung, Strecksprung: vorwärts - seitwärts - rückwärts, Vielsprünge: Dreisprung, Fünfsprung, Zehnsprung

- **Übungen mit Medizinbällen 0,800 – 2 kg:** Schlagwurf, Schwungwurf mit einer Hand und mit zwei Händen, Hochwerfen, zum Partner werfen, rückwärts über den Kopf werfen, mit Drehung werfen, im Liegen (aus Rückenlage) mit Aufrichten werfen, im Liegen (aus Bauchlage) Ball im Nacken halten und nach vorne werfen

- **Partnerübungen:** Hahnenkampf, Ziehkampf, Schiebekampf

- **Reaktivkraftübungen:** Sprünge auf, über und von Hindernissen Wechselhüpfen im Quergrätschstand

- Kraftentwicklung durch **komplexe Übungsformen**: Hindernisparcours, Kletter-, Kriech-, Sprung- und Wurfformen

- **Kreistraining,** dabei:
  - 5–6 Übungen/Umlauf
  - Belastungszeit 30 – 60 sec.
  - 2–3 Minuten Pause
  - Wechselnde Beanspruchung der Muskeln berücksichtigen
  - Schwerpunkt Umfangrealisierung, bei kleiner bis mittlerer Intensität

Durch ein regelmäßiges und vielfältig gestaltetes Krafttraining können die Grundkraftfähigkeiten schnell entwickelt werden, obwohl sich der Muskelquerschnitt und damit die Muskelmasse hormonell bedingt kaum vergrößert. Dagegen sind die Kraftgewinne die in diesem Alter erzielt werden von großer Stabilität. Der Schwerpunkt liegt bei der Schnellkraftentwicklung, Kraftausdauertraining ist zu vermeiden.

Das Schnelligkeitstraining

Da die Schnelligkeitseigenschaften von Nervenprozessen abhängig sind, ist es wichtig, dass durch frühes systematisches Training der Grundschnelligkeit sowie der Aktions- und Reaktionsschnelligkeit gute Voraussetzungen für spätere Ausbildungsphasen geschaffen werden. Gute Koordination und Beweglichkeit, die Entwicklung der Bein- und Bauchmuskulatur sowie eine korrekte Lauftechnik sind Voraussetzungen für die Entwicklung der Schnelligkeit in allen Formen.

Methodische Hinweise für das Schnelligkeitstraining in dieser Altersstufe

- Das Schnelligkeitstraining soll am Anfang einer Trainingseinheit, nach einer entsprechenden Aufwärmarbeit, durchgeführt werden
- Die Belastungsdauer soll kurz sein (5–7 sec.) um im Bereich der anaerob - alactaziden Energiebereitstellung zu bleiben und um Ermüdungserscheinungen zu vermeiden
- Die Übungen werden mit maximaler Bewegungsgeschwindigkeit durchgeführt
- Die Pausen sollen eine komplette Wiederherstellung erlauben (Pulsabfall bis auf ca. 120 Schläge/Minute)

- Wie auch bei den anderen konditionellen Fähigkeiten ist es vor allem in diesem Alter empfehlenswert, auf kindgemäße Inhalte und Formen zu achten

Allgemeine Übungsbeispiele:

- Übungen aus der **Laufschule**:
  - Fußgelenkarbeit
  - Kniehebelauf
  - Skipping
  - Laufen mit Unterschenkelheben (Anfersen)
  - Sprunglauf
  - Laufen seitwärts mit Kreuzen
  - Laufen mit großen Schritten
  - Laufen rückwärts

- **Sprungvarianten** ein- und beidbeinig, Auf- und Niedersprünge:
  - Hocksprünge
  - Einbeinsprünge
  - Drei- und Fünfsprünge
  - Wechselhüpfen
  - Beidbeiniges Hüpfen
  - Beidbeiniges Hüpfen links und rechts mit halbtiefer Kniebeuge

- **Reaktions- und Startspiele auf unterschiedliche Signale** (optisch, akustisch):
  - Sprints über 5–10 m aus verschiedenen Startpositionen (tiefe Kniebeuge, Bauch- oder Rückenlage)
  - Sprintstaffeln über 10–15 m
  - Kurzsprints mit Geschicklichkeitsaufgaben (Tragen, Passen oder Kicken und Einsammeln mehrerer Bälle)

- **Staffeln:** Verfolgungsstaffeln, Ballholstaffeln, Pendelstaffeln, Medizinballstaffeln, Umkehrstaffeln über eine Streckenlänge von 20 –30 m

- **Steigerungsläufe bis zu hoher Geschwindigkeit:** 4 x 20 m mit 2–3 Minuten Pause

- **Fliegende Sprints:** 3 x 20 m mit 2–3 Minuten Pause

- **Ballspiele:** Fußball, Basketball, OK- oder Minirugby

Während eines Spiels ist die Grundschnelligkeit einzelner Kinder, wenn sie im Ballbesitz sind, oft wesentlich kleiner als ohne Ball. Dies ergibt sich aus technischen Anforderungen, aber auch weil die Kinder noch Angst vor Körper- oder Bodenkontakt haben, oder weil sie wegen Unkenntnis der Spielregeln oder des Spielgeschehens vorsichtig sind.

Das Beweglichkeitstraining

Nach D. Martin bezeichnet die Beweglichkeit „die Fähigkeit, die Bewegungsmöglichkeiten der Gelenke nach allen Seiten hin optimal ausnutzen zu können“. Sie ist die Voraussetzung für korrekte technische Bewegungsausführungen, verkleinert die Verletzungsgefahr und erlaubt eine maximale Entwicklung der Schnelligkeit, Kraft und Ausdauer.
Bedingt durch die hohe Bewegungsamplitude und die gute Dehnfähigkeit der Muskulatur macht die große Elastizität des Bewegungsapparates in diesem Alter kaum spezielle Trainingserfordernisse notwendig, doch im Hinblick auf die späteren Trainings- und Wettkampferfordernissen sollte schon jetzt das Beweglichkeitstraining zum Bestandteil einer jeden Trainingseinheit werden.

Methodische Hinweise für das Beweglichkeitstraining:
- Vermeiden von ruckartig durchgeführten Dehnungsübungen
- Eine lange Dehndauer gewährleisten (ca. 15 - 20 sec.)
- Dehnungs- und Kräftigungsübungen abwechselnd trainieren, womit der Stützapparat gefestigt, zugleich aber auch eine hohe Bewegungsamplitude erreicht wird
- Passive Dehnungen (hervorgerufen durch das Einwirken eines Partners, eines Gerätes oder des eigenen Körpergewichts) nie heftig oder mit Gewalt durchführen

Zur Entwicklung der Beweglichkeit werden 3 Methoden angewandt:
- Die Dauerdehnung (Stretching), bei der die Dehnungsdauer je Übung 15–20 sec. beträgt und 3–4 Serien je Muskelgruppe durchgeführt werden
- Wiederholende Dehnung, wobei die Übung 10–20 mal wiederholt wird, in ebenfalls 3 – 4 Serien je Muskelgruppe
- Dehnung nach vorheriger isometrischer Muskelanspannung in der Reihenfolge - Anspannung 8–10 sec., kurze Entspannung und darauffolgende Dehnung 8–10 sec.

Allgemeine Übungsbeispiele:
- Ein- und Ausschultern mit Stab im Stand und im Sitz
- Rumpfwinkelstand mit den Händen auf den Schultern des Partners, Oberkörper nach unten drücken
- Rutschstellung mit breitem Aufsetzen
- Strecksitz mit wechselseitigem Vor- Hochspreizen der Beine mit Armunterstützung

- Ausfallschritt seitwärts, Oberkörperneigung zum gestreckten Bein, dessen Fußspitze nach außen zeigt
- Bückstand, Fersen auf den Boden drücken, bei gestreckten Beinen Arme leicht beugen
- Stand auf einem Bein, Fußrist des anderen Beines erfassen, Ferse ans Gesäß führen und Hüftgelenk überstrecken
- Bauchlage, Fußrist erfassen und Ferse zum Gesäß führen, Oberschenkel abheben
- Kniestand mit gestreckten Füßen, Rückneigen des Oberkörpers, im Hüftgelenk strecken, Knie zusammen und mit Händen/Unterarmen rücklings abstützen

Die ausgezeichnete Entspannungsfähigkeit in diesem Alter sowie die Tatsache, dass Ermüdungserscheinungen nur spät auftreten geben die Möglichkeit eines intensiven Beweglichkeitstrainings. Die verfolgten Ziele sind dabei weniger kurz- als langfristig.

6.1.2.3 Technische und taktische Ausbildung

Durch die beschriebene vielseitige athletische Ausbildung soll den jungen Sportlern die Grundvoraussetzung für eine rationelle Aneignung der sportlichen Technik gegeben werden. Mit einem guten koordinativen und konditionellen Niveau wird das Erlernen neuer Bewegungen beschleunigt. Das Kind kann sich leichter auf die Aneignung der sportartspezifischen Technikelemente konzentrieren, und auf deren Anwendbarkeit in bestimmten taktischen Situationen.
Die Ballgewöhnung und das Erlernen der Grundtechnik soll von Anfang auch taktische Inhalte aufweisen, um das Denken der Spieler im Sinne des Spiels und der Spielregeln zu fördern.

Hierzu drei Beispiele:
- Während der Aneignung der korrekten Passtechnik soll auch gleich hervorgehoben werden, warum überhaupt gepasst wird, nämlich nur dann, wenn der Mitspieler in einer besseren Position als der Ballträger ist, um den Angriff fortzuführen. Gleichzeitig soll der so in Position gebracht werden, dass er bei der Ballannahme seinem Verteidiger gegenüber bessere Angriffschancen hat. Das heißt mit anderen Worten, dass der Spieler noch vor der Ballannahme eine Vorbereitungsaktion unternimmt.

- Dasselbe gilt auch beim Erlernen des Tacklings. Je früher dem Verteidiger klar wird, dass auch der mutigste Einsatz und die beste Technik ihm nichts bringt, wenn er sich nicht in einer richtigen Verteidigungslinie befindet, also sein Annäherungswinkel falsch ist, um so schneller wird er sich jeder Tacklesituation anpassen können und reflexbedingt seine Fortbewegungsgeschwindigkeit sowie seinen Laufweg so dem Ballträger anpassen, dass dieser gestoppt wird.

- Auch beim Kicken soll nicht nur frühzeitig die korrekte Technik erlernt werden, sondern auch der Sinn für die freien, vom Gegner nicht besetzten Räume, um den Ball zurückerobern zu können.

Die Grundtechnik sollte - nach einer kurzen technischen Einführung - so schnell wie möglich mit passivem und dann mit halbaktivem (gelenktem) Gegner erlernt werden. In spielerischer Form, dynamisch, ohne viele Unterbrechungen, mit viel Kinderliebe und Humor kann eine Grobformung der meisten sportartspezifischen Grundelemente schon zu diesem Zeitpunkt stattfinden.

- Laufen mit dem Ball (geradeaus laufen und den Ball in beiden Händen tragen, sowie Richtungs- und Tempowechsel)
- Passen und Annehmen
- Handabwehr
- Kicken und Fangen
- Ball vom Boden aufnehmen
- Tackling (hinführende Übungsform: New Image Tackle, das zweihändige Berühren der Hüften des Ballträgers, was diesen zur Ballabgabe zwingt)

Positionsspezifische Techniken sind nicht Gegenstand in dieser Ausbildungsphase. Der Schwierigkeitsgrad der zunächst einfachen Übungen steigt kontinuierlich, vor allem durch das Einbinden der Gegner, deren Verhalten im Training und Spiel jedoch vom Trainer ständig gesteuert werden muss, um ein konstruktives, ideenreiches Spiel zu fördern.
Dazu muss auch das sportliche Material angepasst sein: Zu große Rugbybälle sind nicht angebracht, Stollenschuhe geben Halt und Vertrauen, die Spieloberfläche soll nicht hart sein, wenn mit Tackling gespielt wird. Das taktvolle Abbauen der Angst vor Boden- und Körperkontakt spielt für viele Kinder eine entscheidende Rolle für ihre weitere Entwicklung im Rugby. Wegen der Vielfältigkeit der Anforderungen des Rugbyspiels hat das Techniktraining im Schüleralter einen hohen Anteil an der Gesamttrainingszeit. Deshalb sollte auch ein großer Teil der konditionellen Ausbildung parallel mit der Technik-Taktik-Schulung erfolgen.
Das taktische Verhalten im Anfängerstadium sollte sich zunächst auf das Erkennen einfacher taktischer Zusammenhänge sowie auf 1–2 Alternativen bei den Entscheidungen beschränken, um später bis zum Lösen komplexer Wettkampfsituationen aufzubauen.
Dabei soll immer berücksichtigt werden, dass das Nachahmungslernen in diesem Alter am ausgeprägtesten ist. Korrekt vorgeführte Übungen können schnell und mühelos reproduziert werden. Wenn die Technik-

übungen also unter dem Aspekt ihrer Anwendbarkeit in bestimmten taktischen Situationen entwickelt werden, werden die Kinder befähigt, Gegner und Mitspieler zu beobachten, die taktische Lösung zu suchen, zu entscheiden und die Aktion durchzuführen.
Die verschiedenen Techniken werden in Grund-, Gruppen- und Positionstechniken unterteilt. Eine solche Unterteilung ist im Rugbysport notwendig, da hier im Gegensatz zu den meisten anderen Sportarten Spielsituationen entstehen, die grundsätzlich nur von einem ganz bestimmten eingespielten Mannschaftsteil bewältigt werden können. Diesen Gruppenkämpfen kommt im Wettkampf eine spielentscheidende Bedeutung zu. Die Bewegungsabläufe des Einzelnen können im Gedränge oder in der Gasse nur dann erfolgreich sein, wenn das Zusammenspiel aller an dieser Aktion beteiligten Mannschaftsmitglieder präzise aufeinander abgestimmt ist.
Systematisch trainiert werden diese Gruppentechniken jedoch frühestens im Grundlagentraining.

Beschreibung der Grundtechniken (Individualtechniken)

- ***Das Laufen mit dem Ball sowie die Abwehr des Gegners***

Der Rugbyball kann mit beiden Händen oder aber mit einer Hand mit Unterstützung des Unterarms an die Brust gedrückt getragen werden. Das beidhändige Tragen des Balles sollte von einem Angreifer solange bevorzugt werden, bis es ihm gelungen ist, den letzten gegnerischen Verteidiger zu überlaufen. Diese Handhabung ermöglicht ihm ein schnelles und sicheres Abspiel nach beiden Seiten sowie ein Treten des Balles aus dem Lauf.
Um ungehindert sprinten zu können, wird der Ball zwischen Unterarm und Brust eingeklemmt. Nun ist der andere Arm frei, um die Laufbewegung pendelnd zu unterstützen. Weiterhin können gegnerische Verteidiger mit dem freien Arm relativ problemlos „abgestoßen“ werden. Dieses Abstoßen gilt als regelgerechtes Abwehren. Der balltragende Spieler darf den Gegner mit ausgestrecktem Arm und der gesamten Handfläche durch Druckausübung auf die Kopf-, Schulter- oder Brustpartie am Tiefhalten hindern. Wird diese Abwehrtechnik im richtigen Augenblick angewandt, ist sie eine wirkungsvolle Methode, um sich vor dem Halten zu schützen.

- ***Passen und Annehmen***

Der Grundpass ist eine Schlüsseltechnik für jeden Rugbyspieler, die auch noch auf höchstem Leistungsniveau permanent trainiert und gefestigt werden muss. Mit dieser Technik wird der Ball vor allem in den Passangriffen der Hintermannschaft präzise und schnell weitergespielt. Der Ball wird in beiden Händen getragen und noch bevor die eigentliche Passbewegung eingeleitet wird, muss der Blickkontakt mit dem Mitspieler aufgenommen werden. Nun schwingen die Arme seitwärts in Hüfthöhe am Körper vorbei, wobei der Ball mit beiden Händen in gerader Linie so weit wie möglich in die Richtung des Mitspielers geführt wird. Im letzten Augenblick vor dem Loslassen erhält der Ball den entscheidenden Schub aus den Fingern und Handwurzeln beider Hände. Auf diese Weise wird eine gerade und möglichst kurze Flugbahn angestrebt. Im Idealfall erreicht der Ball den Mitspieler in Brusthöhe, während der ihm beide Arme entgegenstreckt.

- ***Kicken und Fangen***

Die Kombination aus erlaubtem Hand- und Fußspiel erhöht den taktischen Variantenreichtum des Rugbys in beträchtlichem Ausmaß. Trotz der hieraus resultierenden scheinbar unbegrenzten Möglichkeiten sollte das Treten des Balles im offenen Spiel nur kontrolliert und auf das notwendige Maß reduziert erfolgen. Jedes Treten des Balles bedeutet in einer Angriffsphase zuerst einmal den vorübergehenden - möglicher Weise aber sogar endgültigen – Kontrollverlust über den Ball. Verfügt der Gegner über gute Fänger in seinen Reihen, so ist ein Kick, der nicht im Seitenaus landet, fast gleichbedeutend mit einer freiwilligen Ballabgabe an die andere Mannschaft.
Zur *Ausführung eines Falltritts* wird der Ball in beiden Händen gehalten und auf den vorschnellenden Spann des tretenden Fußes fallengelassen. Bei Anfängern ist darauf zu achten, dass der Ball bei dieser Aktion nicht hochgeworfen wird. Die Längsachse des Balles sollte sich in einer schrägen Linie zu dem ausführenden Bein befinden und in dieser Lage auf den Spann auftreffen. Hierbei ist der Blick auf den Ball zu richten. Der kraftvoll ausgeführte Fallritt erfolgt als rhythmischer Bewegungsablauf aus einem kontrollierten Anlauf heraus und das gestreckte, den Tritt ausführende Bein schwingt nach erfolgtem Ballkontakt so weit wie möglich durch. Wenn der Ball dadurch eine Rotation um seine Längsachse erhält, wird seine Flugbahn stabilisiert und weite Kicks möglich.
Soll der *Ball nach einem hohen Kick* unter Kontrolle gebracht werden, muss seine Flugbahn genau beobachtet werden. Der Spieler läuft die Stelle des voraussichtlichen Auftreffens des Balles an, streckt ihm die Arme entgegen, spreizt die Finger und bildet dabei einen „Korb“, wobei die Ellenbogen dicht aneinander gepresst werden. Beim gleichzeitigen Abfedern sollte sich der Spieler so drehen, dass die Schulter dem Gegner zugewandt wird. Hierdurch kann ein möglicher Vorwurf vermieden, der Ball schnell abgespielt oder anlaufende Gegner mit der Schulter abgeblockt werden.
Beim *Überkick*, der ebenfalls schon in der ersten Ausbildungsphase erlernt werden soll, lässt der Spieler - wie auch bei der Ausführung des Falltritts - den Ball aus beiden Händen auf den Fuß fallen. Die Längsachse des Balles befindet sich hier allerdings senkrecht zum Boden. Der Tritt erfolgt gefühlvoll mit dem Spann und erhält hierdurch eine Gegenrotation

bei gleichzeitig höherer Flugbahn. Häufig dient der Überkick als wirkungsvolles Täuschungsmanöver, wenn der Ball über den Gegner gekickt wird und nach dessen Umlaufen wieder aus der Luft gefangen wird.

- ***Das Aufnehmen des am Boden liegenden und rollenden Balles***

Kurz vor dem Aufnehmen des Balles wird das Lauftempo herabgesetzt. Der Spieler richtet den Blick auf den Ball und führt einen Ausfallschritt aus, wobei sich der Ball zwischen seinen Füßen befindet. Von dort aus wird der Ball mit den Händen in einer schaufelähnlichen Bewegung aufgenommen. Nach gelungener Ballaufnahme richtet sich der Spieler wieder auf und setzt seinen Lauf mit erhöhtem Tempo fort. Die unberechenbaren Bewegungen des rollenden Balles erschweren die Aufnahme bei dieser Technik. Dennoch ist sie bei einer nur leichten Ballbewegung durchaus noch anwendbar. Bewegt sich der Ball hingegen sehr schnell, und steht der Spieler wie im Falle eines Bodenrollers oder eines Überkicks unter zusätzlichem Druck, wählt der Spieler die sicherste Methode, indem er sich auf den Ball wirft. Wird der Spieler von einem Gegner verfolgt, so wirft er sich seitlich vor den Ball, wobei er dem Angreifer den Rücken zuwendet. Dabei umschließt er den Ball mit beiden Armen und sichert ihn zusätzlich mit seinem Oberkörper. Sofort danach sollte er versuchen, mit dem Ball aufzustehen und seinen Lauf fortzusetzen.

- ***Das Tackling***

Das Tiefhalten, Fassen oder Tackling zählt ähnlich wie der Grundpass zu den Schlüsseltechniken, die jeder Rugbyspieler beherrschen muss. Dieses ist die einzige Methode um den Angreifer zu stoppen. Aber nicht Größe und Kraft, sondern vor allem Mut und Selbstvertrauen sind die Garanten für einen erfolgreichen Abschluss einer solchen Aktion. So unglaublich es dem Laien vielleicht auch erscheinen mag, so wahr ist es, dass selbst ein schmächtig gebauter Gedrängehalb bei korrekter Anwendung der nachfolgend beschriebenen Techniken in der Lage ist, einen hünenhaften Stürmer zu stoppen.
In der Grundausbildung wird als hinführende Übungsform das sogenannte „OK-Tackle" erlernt. Das ist ein zweihändiges Berühren der Hüften des Ballträgers, wonach dieser nur noch 2 Schritte laufen darf, dann aber den Ball abspielen oder auf den Boden legen muss. Damit ist gewährleistet, dass zumindest in der ersten Förderstufe Mädchen und Jungen, große und kleine Kinder zusammen spielen, die Angst vor hartem Boden- und Körperkontakt entfällt und die Kinder sich frei entfalten können.
Beim frontalen Tackling wird der balltragende Angreifer in leicht vorgebeugter Haltung mit ausgebreiteten Armen angegangen. Bei den ersten ganz einfachen 1:1 Übungen sollte der Gegner nach Möglichkeit auf eine der Schultern des Tacklers auflaufen. Beim gegenseitigen Aufeinandertreffen sucht der haltende Spieler mit dem Kopf neben der Hüfte und mit

seiner Schulter unmittelbar darunter den Kontakt zum Gegner. Gleichzeitig umschließen die Arme die Oberschenkel fest und mit einem kräftigen Ruck dreht der haltende Spieler seinen Gegner derart, dass er auf dem Ballträger liegt. Durch die abrupte Unterbrechung des Laufs des heranstürmenden Angreifers fallen beide Spieler seitwärts

Das Tackling von hinten bedeutet das Fassen des vor dem Verteidiger laufenden Ballträgers. Dabei befindet sich der Kopf knapp über dem Gesäß am Rücken, während sich die Arme energisch um den oberen Bereich der Oberschenkel klammern. Um den Lauf des Gegners auch tatsächlich zu stoppen, gleitet der Verteidiger mit seinen Armen bis zu den Knien des Angreifers herab. Auch bei Anwendung dieser Technik fällt der Verteidiger letztendlich auf den Angreifer.

Beim seitlichen Tackling wird der Angreifer seitlich abgedrängt, wobei es von allergrößter Wichtigkeit ist, dass der Kopf hinter dem gehaltenen Spieler fest an dessen Gesäß gepresst wird. Bei dieser Aktion werden gleichzeitig die Oberschenkel mit beiden Armen fest umklammert und der Verteidiger fällt auf den getackleten Angreifer.

- ***Das Verhalten des getackleten Spielers***

Ist es dem Angreifer nicht mehr möglich, dem Tackling durch eine Handabwehr zu entkommen, sollte er auf jeden Fall versuchen, den Ball noch rechtzeitig abzuspielen. Aus diesem Grund sollte er ihn möglichst mit beiden Händen tragen.

Erweist sich das geplante Abspiel als nicht mehr möglich, wird der Ball in einen Arm übertragen und der unvermeidbare Sturz mit dem freien Arm abgefedert. Der Ball, der nun den Regeln entsprechend freigegeben werden muss, sollte im Fallen auf den Boden gelegt und/oder nach hinten zu einem Mitspieler abgespielt werden.

Methodische Hinweise und allgemeine Übungsbeispiele zum Tackling:

- Das OK-Tackle kann nach einer kurzen Erklärung direkt im Spiel angewandt werden

- 1:1: Angreifer und Verteidiger kniend, Tackles von vorne, seitwärts und hinten

- 1:1: Wie oben, der Verteidiger kniend, der Angreifer jedoch im Stehen, im Gehen, dann im leichten Laufen

- 1:1: Angreifer und Verteidiger gehen aufeinander zu, dann aufeinander zulaufen.

- 1:1: Der Tackler täuscht Tiefhalten vor, sein Gegner steht vor ihm mit vor dem Körper nach unten gestreckten Armen und fängt den Stoß auf. Durch die abwechselnd mit der linken und rechten Schulter aus-

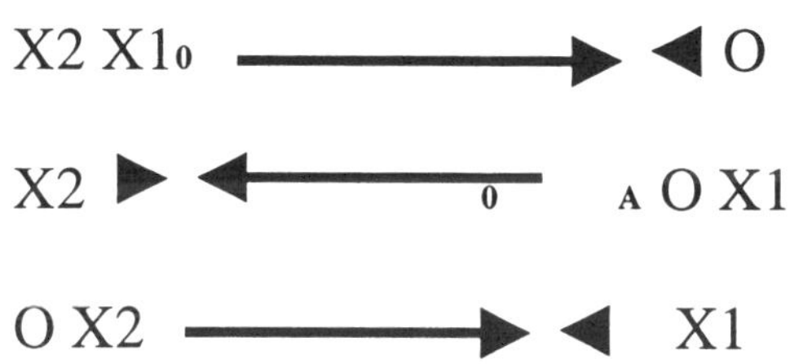

Abb. 6: Organisationsform zum Üben des Tacklings (I)

geführten Stöße, geht der Gegner rückwärts. Nach 10–12 solch simulierter Tackles werden die Rollen gewechselt.

- Dreiergruppen mit je einem Ball: Der Ballträger (X1) greift den Verteidiger (O) an, dieser tacklet, der Ball wird im Fallen auf den Boden gelegt, der Tackler hebt den Ball im Aufstehen auf und greift den dritten Mitspieler der Gruppe (X2) an. Dieser tacklet ihn, steht mit dem Ball auf usw. Der getacklete Spieler übernimmt die Funktion des Tacklers. (s. Abb. 6)

- 2 x 4–6 Spieler: In 2 Reihen aufgestellt, der erste Spieler (O1) tacklet den ersten Ballträger (X1) der anderen Gruppe. Der Ball wird von der Stelle, an der das Tackling stattgefunden hat, von einem der beiden Akteure zum Gruppenersten gespielt. Der Winkel, mit dem die beiden Spieler aus den Gruppen aufeinander zulaufen kann, verändert werden. Beide schließen sich als letzte Spieler der gegenüberliegenden Reihe an. (s. Abb. 7)

- 2 x 4–6 Spieler: Der erste Spieler als Tackler (O1) tacklet der Reihe nach alle anderen stehenden Gegner (X1; X2; X3 usw.). Dann folgen O2, O3 und O4 und die Rollen werden gewechselt. (s. Abb. 8)

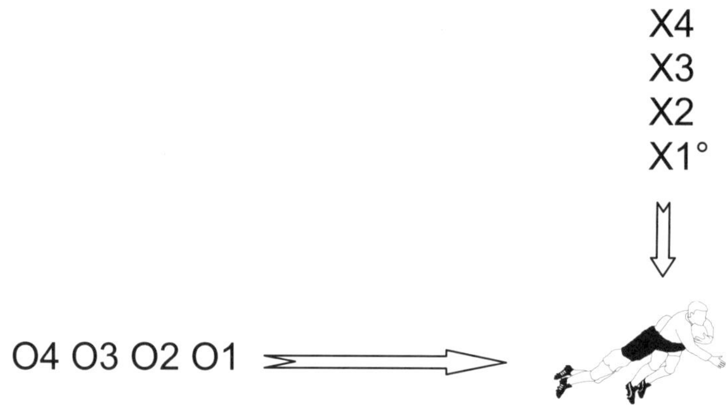

Abb. 7: Organisationsform zum Üben des Tacklings (II)

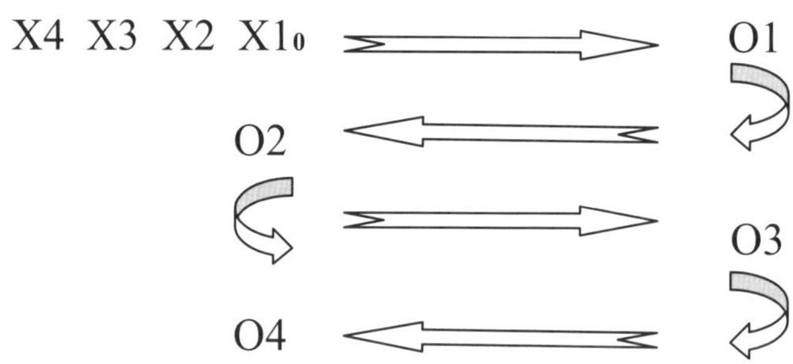

Abb. 8: Organisationsform zum Üben des Tacklings (III)

6.1.2.4 Theoretische Vorbereitung

In der ersten Förderstufe geht es vor allem um die Aneignung der Grundspielregeln des OK-Rugby und des Mini-Rugby. Dabei fällt es Anfängern erfahrungsgemäß besonders schwer, sich an das Nach-Hinten-Passen (sog. „Rückpassregel") zu gewöhnen, wobei aber nach vorne gelaufen und gekickt werden soll.
Schon in dieser Altersgruppe muss besonderer Wert auf die Grundsätze des Rugbyspiels gelegt werden. Das individuelle und kollektive Nach-Vorne-Laufen, dem Ballträger so schnell wie möglich Unterstützung zu leisten, die Angriffshandlungen so selten wie möglich zu unterbrechen, um die Kontinuität des Spiels zu fördern sowie auf den Gegner Druck auszuüben. Nur wer sich frühzeitig dieses Spielverständnis aneignet, kann sich auch bewusst werden, dass er ein Teil einer zusammenspielenden Mannschaft ist, die unter Einhaltung der geltenden Regeln ein gemeinsames Ziel verfolgt: den Erfolg und den Spaß am Spiel.

6.1.2.5 Aneignung eines Fair-Play Kodex

Regeln einhalten, Regelverstößen begegnen, Schiedsrichterentscheidungen akzeptieren, Verständnis für die Fehler der Mitspieler haben, die eigenen Aggressionen kontrollieren, dem Gegner in fairer Weise den Sieg und das gute Spiel zugestehen, all diese charakterformenden Eigenschaften sollen schon im frühen Schulkindalter gefördert werden. Dafür ist die Rolle und die Verhaltensweise des Trainers entscheidend. Er muss als Vorbild den Kindern gerecht und fair gegenüberstehen, ihnen verschiedene Rollen als Schiedsrichter, Seitenrichter, Mannschaftskapitän oder Spielführer zuteilen, ihnen organisatorische Aufgaben geben und den Fair-Play-Gedanken thematisieren und vorleben.

6.1.2.6 Anforderungen im psycho-sozialen Bereich

Durch eine abwechslungsreiche und erlebnisvolle Trainingsgestaltung, durch Einbeziehen aller Teilnehmer in die Übungsformen, soll schon frühzeitig das Gruppengefühl, der Teamgeist entwickelt, positive Beziehungen zu den Mitspielern gefördert werden. Parallel dazu wird die Erziehung zum Leistungsstreben und der Leistungsbereitschaft später dazu führen, die für die mentale Stärke der zukünftigen Rugbyspieler notwendigen Willenseigenschaften herauszubilden. Die ständig wachsenden Belastungen im Training, die immer komplexer werdenden Anforderungen des Spiels verlangen in späteren Ausbildungsphasen in höchstem Maß Willensstärke und affektive Bereitschaft als leistungsbestimmende Faktoren. Basis-Eigenschaften wie Mut, Kampfgeist, kalkulierte Risikobereitschaft und Disziplin können schon in der Grundausbildung entwikkelt werden.

6.1.2.7 Spielformen des Rugbyspiels für den Sportunterricht und den Sportverein

Rugby, und dies macht das Spiel auch für den Anfänger vom ersten Augenblick an interessant, kann unmittelbar nach dem Erklären der Grundidee und der wichtigsten Regeln in elementarisierter Form gespielt werden. Dies bringt auch den Neuling in den Genuss eines sofortigen vollen Spielerlebnisses. Die eigentliche Komplexität des Spiels wird hierbei auf das Eindringen in die gegnerische Zielzone in Verbindung mit dem Niederlegen des Balles reduziert.

Die Spielidee des Rugbyspiels:
Sinn und Zweck des Spiels ist es, dass zwei Mannschaften mit je 15, 10 oder 7 Spielern durch faires Spiel, in sportlichem Geist und den Regeln entsprechend soviel Punkte wie möglich erzielen, indem sie den Ball tragen, passen oder treten. Die Mannschaft, welche die meisten Punkte erzielt, ist Gewinner des Spiels.
Die Literatur bietet eine Vielzahl an kleinen Sportspielen an, die für das Rugbytraining in abgewandelter Form übernommen werden können. Spiele im Rahmen des Trainings, die nicht als Trainingsspiele des „echten“ 15er Spiels zu verstehen sind, sollten so aufgebaut sein, dass in ihrem Verlauf bestimmte Techniken oder taktische Spielabläufe gehäuft auftreten. Daneben sollte selbstverständlich auch der koordinativ-konditionelle Aspekt berücksichtigt werden. Das Einbringen neuer Regeln und Spielideen sollte ein Trainer niemals als Barriere für seine Arbeit mit neu zu schulenden Spielern ansehen. Neue Anforderungen dienen vielmehr dazu, den Spielern verstärkt geistige Aufmerksamkeit abzuverlangen und taktische Flexibilität zu fördern. Nachfolgend werden einige Spiele vorgestellt, welche die zuvor erwähnten Qualitäten auf besondere Weise herausfordern und schulen und die sich im Training in Verein und Schule bereits seit vielen Jahren bewährt haben. Manche der nachfolgend beschriebenen Trainingsspiele führen Namen, die ihnen aufgrund ihrer in wesentlichen Teilen an bekannte Sportarten erinnernden Spielelemente gegeben wurden. Auch enthalten sie alle, teilweise in abgeänderter Form, die Spielidee und eines der entscheidenden Merkmale des Rugbyspiels, den Kampf um den Ball. Für alle Spielformen gibt es deshalb auch drei allgemeingültige, wichtige Regeln:

- Nur der Spieler, der im Ballbesitz ist, darf durch Halten am Laufen gehindert werden.
- Halten nur unter der Linie des Schultergürtels.
- Am Boden liegende Spieler dürfen nicht in das Spielgeschehen eingreifen.

Raufball

Spielidee und Regeln: Zwei Medizinbälle müssen gleichzeitig in der vom Gegner zu verteidigenden Zielzone niedergelegt werden. Zum Spielbeginn liegen beide Bälle, möglichst große und schwere Medizinbälle, in der Mitte des Spielfeldes, während die Spieler in ihren Zielzonen (Malfelder) sitzen. Auf Startzeichen erheben sich die Kinder und versuchen in Ballbesitz zu gelangen. Bei Punktgewinn einer Mannschaft setzt das unterlegene Team mit beiden Bällen aus dem eigenen Malfeld heraus das Spiel fort.
Der Ball darf in alle Richtungen geworfen und getragen werden, Fußspiel ist verboten.
Spielfeld: Als Spielfläche dient in der Regel eine Turnhalle, als Zielzone eine rund fünf Meter vor den Wänden aus vier Turnmatten errichtete Bahn. Wird auf einer Rasenfläche gespielt, sollten die Abmessungen des Spielfeldes 30 x 15 m betragen. Die Zielzone (Malfeld) beginnt dann an den Spielfeldenden und ist ca. 5m tief.
Anzahl der Spieler: 5–7 pro Mannschaft.
Anmerkungen: Raufball ist sehr gut dazu geeignet, um Schülern zum ersten Mal mit dem Rugbyspiel vertraut zu machen. Der ständige Kampf um einen der beiden Medizinbälle beschäftigt jeden Spieler und stellt hohe Anforderungen an Kraft und Ausdauer. Bereits eine Spielzeit von fünf Minuten setzt einen starken Bewegungsreiz und die sehr einfachen Regeln ermöglichen einen schnellen Spielvollzug.

10cr Fang

Spielidee und Regeln: 10er Fang ist eine Spielform die auch aus anderen Ballspielen bekannt ist. Ein Rugbyball soll innerhalb einer Mannschaft zehnmal zwischen den Spielern hin und her geworfen werden, ohne das der Ball dabei den Boden berühren darf. Fällt der Ball auf den Boden spielt die Mannschaft weiter, die sich den Ball erkämpfen kann. Wird die Spielfeldbegrenzung vom Ballträger überschritten, oder wirft dieser den Ball über die Linie, setzt die gegnerische Mannschaft das Spiel mittels Einwurf fort. Der Ballträger darf mit dem Ball unbegrenzt laufen und in alle Richtungen werfen. Fußspiel ist verboten. Wird der Ball im Laufe eines Gruppenkampfes unbespielbar, wird die Partie durch Schiedsrichterhochball fortgesetzt.
Spielfeld: Die Hälfte einer normalen Turnhalle, bzw. ein quadratisches Spielfeld mit einer Seitenlänge von 15–25 m.
Anzahl der Spieler: drei bis sieben Spieler pro Mannschaft
Anmerkungen: Durch Einschränkung der Wurftechnik kann der Grundpass mit all seinen Variationen geübt werden. Eine solche Einschränkung könnte beispielsweise vorsehen, dass der Ball nur beidhändig und nicht über Kopfhöhe geworfen werden darf. Dieses laufintensive Spiel eignet sich gut zum Einbau in die Aufwärmphase.

Basket Rugby
Spielidee und Regeln: Der Rugbyball darf in alle Richtungen geworfen werden und muss schließlich im Basketkorb landen. Der Ballträger darf mit dem Ball laufen, das Treten des Balles ist verboten. Nach Regelverstößen, bzw. unbespielbarem Ball wird das Spiel durch Schiedsrichterhochball fortgesetzt.
Spielfeld: Turnhalle mit Basketballvorrichtung
Anzahl der Spieler: drei bis sechs pro Mannschaft
Anmerkungen: Steht ein Basketballplatz mit je zwei Körben an den Längsseiten des Spielfeldes zur Verfügung, kann auf diese Körbe gespielt werden. Mit diesen Varianten wird erreicht, dass sich das Spielgeschehen nicht auf die Einzelkörbe konzentriert. Vielmehr wird das Spiel auseinander gezogen und lebt von ständiger Verlagerung des Geschehens auf einen der beiden gegnerischen Körbe. Werfen und Fangen sind hierbei die tragenden technischen Elemente, die im Mittelpunkt dieses Spiels stehen.

Gaelic Football
Spielidee und Regeln: Der Rugbyball darf in alle Richtungen geworfen und auch mit dem Fuß gespielt werden. Das Ziel des Spiels besteht darin, den Ball in ein am Ende des Spielfeldes befindliches Tor zu schießen. Bedingung ist jedoch, dass der Ball direkt vom Boden aus oder per Dropkick (d.h. der Ball muss den Boden berühren bevor er mit dem Fuß gespielt wird) in das Tor getreten wird. Einen Torwart gibt es nicht, da jeder Spieler den Ball mit Hand und Fuß spielen darf. Nach Regelverstößen oder Ball im Aus wird das Spiel durch Schiedsrichterhochball fortgesetzt.
Spielfeld: Turnhalle, ansonsten Rasenplatz mit den Maßen 20 x 30m bis zu 50 x 65m.
Anzahl der Spieler: fünf bis zehn pro Mannschaft
Anmerkungen: Gaelic Football ist ein sehr rasantes und schnelles Laufspiel, das durch die fehlende Vorwurfregel kaum Spielunterbrechungen kennt. Es kann auch mit einem normalen Fußball gespielt werden. Wird ein Rugbyball eingesetzt zeigt sich, dass ein erfolgreicher Lauf bis zum gegnerischen Tor nicht immer durch einen erfolgreichen Torschuss abgeschlossen werden kann, da es vor allem unter Bedrängnis eines Gegenspielers sehr schwer ist, den Ball erst auf den Boden zu legen und dann noch mit dem Fuß in das Tor zu befördern. Handball- oder Hallenfußballtore sind als Ziele am besten geeignet. In einer Turnhalle können aber auch zwei Turnmatten im Abstand von 10 m an die Wände gestellt werden. Dadurch erreicht man wieder ein verstärktes Spiel in die Breite. Eine weitere interessante Variante ist der Einbezug von Basketballkörben als Ziele. Für das Treffen des Korbes mit dem Ball gibt es zwei Punkte, beim Torschuss einen. Bei sehr großen Schülergruppen kann auch mit zwei Bällen gespielt werden.

Blitzball
Spielidee und Regeln: Das Blitzballspiel ist bis auf die Möglichkeit Punkte zu erzielen mit dem Gaelic Football identisch. An den Enden des Spielfeldes schließen sich beim Blitzball die Malfelder mit einer Tiefe von ca. 5m an. Um einen Punkt zu erzielen, muss ein Spieler mit dem Ball in dieses Malfeld einlaufen und ihn dort niederlegen, so wie beim Versuch im großen Rugbyspiel. Ein Wurf in das Malfeld ist nicht erlaubt. Mit dieser Regeländerung ähnelt dieses Spiel dem Rugby sehr stark, bis auf die Möglichkeit beim Blitzball den Ball nach vorne zu werfen.

American Football
Spielidee und Regeln: Die Spieler dürfen den Ball in alle Richtungen werfen und treten. Untersagt ist jedoch das Laufen mit dem Ball. Hat ein Spieler den Ball unter Kontrolle, darf er nicht mehr angegriffen werden. Erlaubt ist hingegen ein Stören des Pass- oder Trittversuchs. Punkte werden erzielt, wenn ein Spieler den geworfenen oder getretenen Ball sicher in der Endzone des Gegners fangen kann. Bei Regelverstößen oder Ball im Aus erfolgt die Spielfortsetzung durch Hochball oder Freiwurf, bei einem Mindestabstand von 5 m zum einwerfenden Spieler.
Spielfeld: Am besten eignet sich ein Fußballplatz. Die Endzonen werden durch die Torauslinien begrenzt, bei kleiner Spieleranzahl reicht auch die Hälfte dieser Fläche.
Anzahl der Spieler: 7–13 pro Mannschaft
Anmerkungen: Aufgrund des relativ großen Spielfeldes sind lange Laufwege zu überbrücken. Das sichere, gezielte Treten aus der Hand sowie das Fangen der daraus resultierenden hohen Bälle verkörpern das Lehr- und Lernziel dieses Trainingsspiels. Der beim American Football verbreitete weite Vorwurf ist für Rugbyspieler zwar recht unüblich, tritt in diesem Spiel jedoch verstärkt auf, da nur auf diese Weise präzise Weitwürfe möglich sind. „American Football" eignet sich für das Rugbytraining besonders dann, wenn die Platzverhältnisse hartes Tackling verbieten.

OK- (Ohne Kontakt-)Rugby
Spielidee und Regeln: Um den Kindern die Möglichkeit zu lassen, sich voll auf ein Pass- und Laufspiel zu konzentrieren, ist es vor allem im Anfängerstadium angebracht ohne Tiefhalten zu spielen. Dadurch wird wiederholter Körper- und Bodenkontakt gemieden und eine bessere Spielkontinuität gesichert.

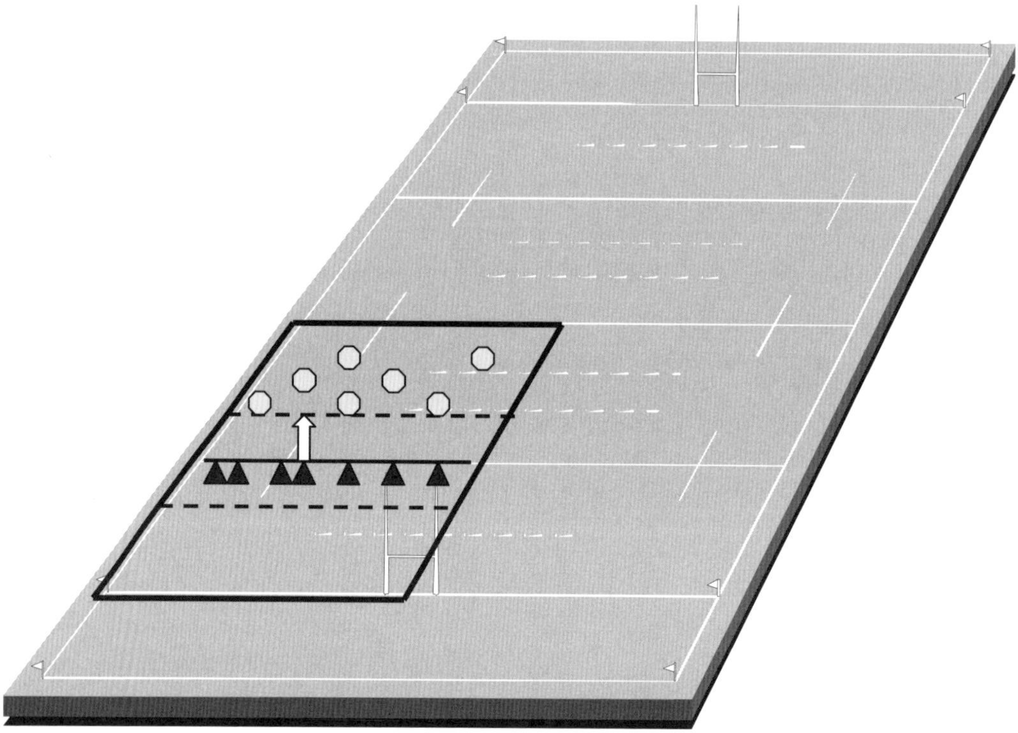

Abb. 9: Aufstellung der Mannschaften zu Beginn und nach einem Punktgewinn beim OK-Rugby

In einer Mannschaft können beliebig viele Spieler, Jungen und Mädchen teilnehmen, es sollen aber folgende Aufstellungsmöglichkeiten eingehalten werden:

3x3: 1 Stürmer + 2 Dreiviertelspieler
4x4: 1 Stürmer + 3 Dreiviertelspieler
5x5: 2 Stürmer + 3 Dreiviertelspieler
6x6: 2 Stürmer + 4 Dreiviertelspieler
7x7: 3 Stürmer + 4 Dreiviertelspieler
8x8: 3 Stürmer + 5 Dreiviertelspieler
9x9: 3 Stürmer + 6 Dreiviertelspieler
10x10: 3 Stürmer + 7 Dreiviertelspieler
11x11: 5 Stürmer + 6 Dreiviertelspieler
12x12: 5 Stürmer + 7 Dreiviertelspieler

Das Spiel wird mit einem Rugbyball gespielt, der nur nach Hinten gepasst werden darf. Treten des Balles ist verboten.
Ziel ist es, den Ball im gegnerischen Malfeld niederzulegen. Der balltragende Spieler kann am Weiterlaufen gehindert werden, indem er vom Verteidiger mit zwei Händen an beiden Seiten der Hüften berührt wird. Ist das der Fall, muss er den Ball sofort abspielen. Erfolgt ein Verstoß gegen diese Regeln, wird das Spiel durch einen Antritt der unschuldigen Mannschaft an der Stelle des Regelverstoßes neu begonnen, der Gegner muss sich dabei hinter eine gedachte Linie zurückziehen, die parallel zur Mallinie (Linie, die die Zielzone begrenzt) verläuft und einen Abstand von 5m zum Ort des Regelverstoßes hat. Der Ball wird bei diesem Antritt nur kurz mit dem Fuß nach vorne geschoben, wird aufgenommen und ist dann wieder im Spiel.
Spielfeld: Turnhalle oder ein Spielfeld mit den Maßen 20 x 30 m bis zu 50 x 60 m. Wird in einer Turnhalle gespielt, lassen sich die Malfelder mit zwei Mattenbahnen markieren, die ca. 5 m vor den Hallenenden ausgelegt werden. Im Freien liegen die Malfelder wie auf einem großen Spielfeld an den Enden und sind 5 - 10 m tief.
Anzahl der Spieler: 3 bis 12 pro Mannschaft.
Anmerkungen: Diese kontaktlose Spielform enthält alle für das Rugbyspiel wichtigen technischen und taktischen Elemente, bis auf das Halten und die Gruppentechniken. Durch das Fehlen des Tacklings eignet sich diese Rugbyform sehr gut für unhomogene Gruppen. Es ist daher möglich, mit Schülern unterschiedlicher Altersklassen aber auch mit Jungen und Mädchen gemeinsam zu spielen.

6.1.2.8 Rugby-Spielreihe mit dem Zielspiel 7er-Rugby

Das 7er-Rugby ist eine Variante des großen 15er Spiels und wird neben diesem als eigenständige Form auf Turnieren gespielt. Wegen der kleineren Spieleranzahl ist der taktische Variantenreichtum geringer, es ist leichter zu verstehen und zu erlernen. Es enthält aber alle wichtigen Elemente des großen Spiels.
Die Mannschaften im 7er-Rugby werden in drei Stürmer und vier Hintermannschaftsspieler unterteilt. Die Stürmer bilden das Gedränge, die Gasse und kämpfen in der Regel im Paket und offenen Gedränge um den Ball. Die Hintermannschaft versucht erkämpfte Bälle durch schnelles Nach-Vorne-Tragen im gegnerischen Malfeld abzulegen. Im Herrenbereich wird das 7er-Rugby auf einem Spielfeld mit normalen Abmessungen gespielt, im Schülerbereich soll es der jeweiligen Altersklasse und Trainingserfahrung angepasst werden. Es empfehlen sich Spielfeldgrößen von 30 m x 45 m bis maximal 40 m x 60 m. Die Spielzeit sollte 2 x 15 Minuten nicht überschreiten, da das Spiel enorm laufintensiv ist.

In dieser Form des 7er-Rugby wird seit 1991 in verschiedenen Altersklassen das Bundesfinale der Schulen ausgetragen, an dem auch Schulmannschaften mit wenig Spielerfahrung erfolgreich teilnehmen können.

Die wichtigsten Regeln des 7er-Rugbys

- ***Die Rückpassregel:*** Der Ball darf nur nach hinten gepasst werden. Fällt einem Spieler der Ball mit oder ohne Absicht nach vorne aus den Händen, wird diese Aktion als Vorwurf gewertet. Auf einen Vorwurf ordnet der Schiedsrichter ein Gedränge an, in das die unschuldige Mannschaft den Ball einwerfen darf.

- ***Das Halten:*** Der Spieler der den Ball trägt, darf durch Halten am Weiterlaufen gehindert werden. Dabei ist es verboten den Gegner oberhalb des Schultergürtels zu halten. Fällt ein getackleter Spieler mit dem Ball auf den Boden, muss er sofort passen oder sich vom Ball lösen. Der Kampf um den Ball darf von diesem Spieler erst wieder fortgesetzt werden, wenn er mit beiden Füßen auf dem Boden steht. Regelverstöße werden mit einem Straftritt geahndet.

- ***Das Treten des Balles:*** Der Ball darf in alle Richtungen getreten werden, auch ein Kicken aus der Hand ist erlaubt.

- ***Abseits:*** Jeder Mitspieler, der sich vor dem Ball befindet, steht im Abseits. Der Schiedsrichter pfeift aber diesen Regelverstoß nur, wenn der abseitsstehende Spieler aus dieser Position aktiv in das Spielgeschehen eingreift. Im Prinzip verläuft eine gedachte Abseitslinie durch den Ball, parallel zur Mittellinie, die beide Mannschaften trennt. Kommt es zu einem Gruppenkampf um den Ball, darf nur aus Richtung des eigenen Malfeldes daran teilgenommen werden. Ein Regelverstoß gegen diese Abseitsregel wird mit einem Straftritt geahndet.

- ***Das angeordnete Gedränge:*** Bei leichten Regelverstößen, z.B. einem Vorpass oder Vorwurf, ordnet der Schiedsrichter an der Stelle des Regelverstoßes ein Gedränge an. Daran nehmen drei Spieler aus jeder Mannschaft teil. Sie binden sich fest mit den Armen zu einer Reihe zusammen und bilden Schulter an Schulter drückend mit den Gegnern einen Tunnel. In diesen Tunnel wirft von der linken Seite ein Spieler der unschuldigen Mannschaft den Ball zwischen die Stürmer, die nun durch Drücken und Hakeln versuchen den Ball hinter sich zu bekommen. Liegt der Ball frei hinter dem Gedränge, darf er aufgenommen und gespielt werden.

- ***Die Gasse:*** Berührt oder überläuft ein Spieler mit dem Ball die Seitenauslinie, oder überquert der Ball diese nach einem Tritt , so ordnet der Schiedsrichter dort eine Gasse an. Dabei bilden je zwei Spieler beider Mannschaften eine Gasse, indem sie sich fünf Meter von der Auslinie entfernt und 0,5 m neben der Gassenlinie (gedachte Linie, parallel zur Mittellinie, die durch den Punkt geht an dem der Ball die Auslinie überquert hat) aufstellen. In die so gebildete 1 m breite Gasse wirft die unschuldige Mannschaft den Ball entlang der Gassenlinie ein. Die Länge des Einwurfs, mindestens fünf Meter weit, darf der Einwerfer bestimmen. Sein Einwurf darf aber nicht von der Gassenlinie abweichen. Alle nicht an der Gasse teilnehmenden Spieler müssen sich 10 m hinter die Gasse zurückziehen und dürfen erst nach dem Einwurf wieder in das Spielgeschehen eingreifen. Eine Sonderstellung nimmt der Gedrängehalb ein (Spieler der die Funktion hat den Sturm und die Hintermannschaft zu verbinden). Er darf in der Abseitszone zwischen Gasse und 10 m-Linie stehen.

- ***Der Straftritt:*** Nach Regelverstößen wie Abseitsstellung, hohes Halten oder Foulspiel gibt der Schiedsrichter einen Straftritt für die unschuldige Mannschaft. Sind Malstangen vorhanden, darf der Straftritt zum Punktegewinn herangezogen werden. Ein erfolgreicher Tritt über die 3,50 m hohe Querlatte und zwischen die Malstangen bringt drei Punkte. Soll der Ball mit dem Straftritt wieder ins Spiel gebracht werden, legt ihn ein Spieler an die Stelle des Regelverstoßes nieder, schiebt ihn mit dem Fuß nach vorne, und darf ihn dann mit der Hand aufnehmen und spielen. Die andere Mannschaft muss sich dabei 10 m hinter eine gedachte Abseitslinie (wieder parallel zur Mittellinie) zurückziehen und diese erst wieder überqueren, wenn der Ball angespielt worden ist.

Die Spielstufen der Spielreihe mit dem Zielspiel 7er-Rugby

1. ***Stufe:*** Das Blitzballspiel kann als erste rugbyverwandte Spielform zu Beginn der Reihe eingesetzt werden. Es stellt für die Schüler eine Synthese dar zwischen bekannten Spielelementen anderer Sportspiele, erster grundlegender rugbyspezifischer Techniken und typischen Situationen eines Rugbyspiels. Auf die Vorwurfregel wird in dieser Stufe bewusst verzichtet. Sie kann den Anfänger zu diesem Zeitpunkt vor zu große taktische Probleme stellen, häufige Regelübertretungen bringen zu wenig Spielfluss und damit zu wenig Spielerlebnis.

2. ***Stufe:*** Die zweite Spielstufe bringt als Neuerung die Rückpassregel. In Verbindung mit dieser Regeländerung, muss die Technik des Grundpasses sowie das Tragen des Balles geübt werden. Die Abseitsregel, die taktisch richtige Staffelung hinter dem Ballträger ergeben sich unmittelbar aus der Rückpassregel.

3. Stufe: In der dritten Spielstufe sollen dem Anfänger möglichst früh Möglichkeiten aufgezeigt werden, den Kampf um den Ball überlegt zu ordnen und gefasste Mitspieler wirkungsvoll zu unterstützen. Mit der Einführung der Mannschaftstechniken und der Regeln für das Paket und offene Gedränge wird die Bedeutung mannschaftlich geschlossenen Handelns verdeutlicht. Gleichzeitig wird das korrekte Halten (Tackling) als Auslöser des offenen Gedränge erläutert und geübt.

4. Stufe: Jetzt wird die Gasse neu in das Spiel miteinbezogen. Für die Schüler bedeutet sie im technischen Bereich nicht viel Neues. Das in der 3. Stufe eingeführte Paket kommt auch in der Gasse zur Anwendung. An dieser Stufe müssen die Mannschaften in Spielgruppen aufgeteilt werden, d.h. Stürmer und Hintermannschaft werden benannt und ihre Funktionen erläutert. Sollte bis jetzt mit weniger als sieben Spielern gespielt worden sein, wird nun die Zahl der Spieler auf sieben erhöht und entspricht damit der des Zielspiels.

5. Stufe: Durch das in dieser Stufe eingeführte geordnete Gedränge ist das Zielspiel erreicht. Sämtliche Spielerpositionen werden inzwischen benannt und mit geeigneten Spielern besetzt. Das richtig und erfolgreich angewandte angeordnete Gedränge ist für häufigen Ballbesitz und damit erfolgreiches Spiel eine Schlüsseltechnik.

6.1.2.9 Spielregeln des Schüler D und C

Die nachstehenden Regeln gelten für Spiele der vier Schüler-Altersklassen (D, C, B und A), sind seit 1991 für alle Spiele im Bereich der Deutschen Rugby-Jugend (DRJ) gültig und wurden 1992 und 1995 überarbeitet. Die Einteilung der Altersspielklassen ergibt sich aus der DRJ-Spielordnung (s. Anhang).
Sofern nachfolgend keine besonderen Bestimmungen genannt sind, gelten die Regeln des Rugbyspiels und die Bestimmungen der Satzungen und Spielordnungen des Deutschen Rugby-Verbandes (DRV) und der DRJ. Es ist besonders zu beachten, dass Spiele von Schülern, Jugendlichen und Junioren - wo dies möglich ist - von vereinsneutralen Schiedsrichtern geleitet werden.

Schüler D (7–8 Jahre)

1. Spielfeld: Es wird davon ausgegangen, dass die Spielfelder aus technischen und organisatorischen Gründen meistens in die bestehenden Abmessungen und Abzeichnungen der Erwachsenen-Spielfelder eingepasst werden müssen.

Spielfeld Schüler D: In Längsrichtung des normalen Spielfeldes von der Mallinie zur 22-m-Linie, zwischen der Seitenauslinie und der 15-m-Linie. Abmessung: 15 x 32 m inklusive der Malfelder.

2. ***Spielzeit:*** Die zusätzlich zu der Spielzeit eines einzelnen Spieles genannte Zeit ist die gesamte Spielzeit bei einem Turnier, die während eines Tages nicht überschritten werden soll.
Spielzeit Schüler D: 2 x 7 Minuten / 45 Minuten.

3. ***Spielbeginn:*** Den Ball erhält zuerst jene Mannschaft, die bei der Seitenwahl das Recht auf den Antritt erhalten hat. Am Antrittspunkt hält der Schiedsrichter den Ball einem Spieler dieser Mannschaft in dessen Augenhöhe hin, pfeift das Spiel an und überlässt diesem Spieler den Ball. Beim Anpfiff muss die gegnerische Mannschaft einen Abstand von mindestens 5 Metern zum Ballträger einhalten.

4. ***Arten der Erfolge:*** Ein Versuch (5 Punkte) ist erzielt, wenn der Ball im gegnerischen Malfeld niedergelegt wird. Es werden keine Erhöhungstritte ausgeführt.

5. ***Straftritt:*** Ein Spieler der nichtschuldigen Mannschaft führt einen kurzen Antritt aus, nimmt den Ball auf und passt ihn zu einem Mitspieler. Die gegnerische Mannschaft muss einen Abstand von mindestens 5 Metern einhalten.

6. ***Gedränge:*** Es wird kein Gedränge durchgeführt. Hätte nach den Spielregeln ein Gedränge angeordnet werden müssen, erhält diejenige Mannschaft den Ball, die den Regelverstoß nicht begangen hatte. Das Spiel wird gemäß Ziffer 5. fortgesetzt. Ein Vorfallen geschieht, wenn sich der Ball vorwärts in Richtung der gegnerischen Malfeld-Auslinie bewegt, nachdem ein Spieler ihn aus seinem Besitz verloren hat. Ein Vorpass entsteht, wenn der Ball vom Ballträger in Richtung der gegnerischen Malfeld-Auslinie gepasst oder geworfen wird.

7. ***Gasse:*** Es wird keine Gasse ausgeführt. Das Spiel wird gemäß Ziffer 5. fortgesetzt. Diejenige Mannschaft erhält den Ball, die ihn nicht ins Seitenaus getragen bzw. nicht zuletzt gespielt hat.

8. ***Fußspiel:*** Es dürfen keine Tritte/Kicks aus der Hand ausgeführt werden.

9. ***Foulspiel:*** Es ist besonders zu beachten, dass gefährliches Spiel (z.B. Hochhalten am Hals, Stoßen und Herumschleudern) als Foulspiel gilt. Foulspiel ist jede Aktion eines Spielers, die gegen Geist und Buchstaben der Regeln des Rugbyspiels gerichtet ist.

Abb. 10: Verboten ist das Hochhalten am Hals

10. ***Der Ball:*** Die Ballabmessungen werden für junge Spieler verkleinert. Schüler D spielen mit Bällen der Größe Nr. 3.

11. ***Spielkleidung:*** Kein Spieler darf gefährliche Gegenstände wie Schnallen, Ringe oder Ohrringe tragen. Die Rugbystiefel müssen aus orthopädischen, entwicklungsbedingten Gründen an den Sohlen Noppen aus Gummi oder Kunststoff aufweisen.

12. ***Halten:*** Ein Halten geschieht, wenn ein Ballträger im Spielfeld von einem oder mehreren Gegenspielern festgehalten und dabei zu Boden gebracht wird oder der Ball in Kontakt mit dem Boden kommt. Ein gehaltener Spieler muss den Ball unverzüglich passen oder ihn loslassen und aufstehen, um weiterzuspielen. Für jeden Spieler ist es regelwidrig, einen gehaltenen Spieler daran zu hindern, den Ball zu passen, ihn loszulassen oder ihn am Aufstehen zu hindern, nachdem er den Ball gepasst oder ihn losgelassen hat. Bei Kindern unter 7 Jahren soll Touch Rugby gespielt werden.
Strafe: Ein Straftritt an der Stelle des Verstoßes.

13. ***Abseits:*** Während des Spiels ist ein Spieler in Abseitsposition, wenn er sich vor dem Ball befindet, den ein anderer Spieler seiner Mannschaft zuletzt gespielt hat, und ins Spiel eingreift. Ein Verstoß wird mit einem Straftritt geahndet

14. ***Anzahl der Spieler:*** Höchstens sechs. Es dürfen drei Spieler ausgewechselt werden.

Schüler C (9–10 Jahre)

1. ***Spielfeld:*** In Querrichtung zum normalen Spielfeld mit den beiden 5-m-Linien als Mallinien, seitlich begrenzt durch die 10-m-Linie des normalen Spielfeldes und die 22-m-Linie. Abmessung: 65 x 22 m.

2. ***Spielzeit:***2 x 10 Minuten / 60 Minuten.

3. **Spielbeginn:** Ein Spieler der antretenden Mannschaft führt am Antrittspunkt einen kurzen Antritt aus, nimmt den Ball auf und passt ihn zu einem Mitspieler. Die gegnerische Mannschaft muss 5 m entfernt sein.

4. ***Arten der Erfolge:*** Für den Versuch gelten die gleichen Regeln wie bei den Schülern D. Soweit es ohne zusätzlichen technischen Aufwand möglich ist, sollten Versuche bei den Schülern C erhöht werden. Ein Treffer nach einem Versuch (Erhöhung) zählt zwei Punkte. Bei den Schülern C soll die Erhöhung von der Mitte der Malstangen als Sprungtritt (Dropkick) ausgeführt werden. Diese Regel wird als Empfehlung aufgenommen. Sie wird für Meisterschaftsspiele nicht bindend vorgeschrieben.

5. ***Straftritt:*** Es gelten die gleichen Regeln wie bei den Schülern D.

6. ***Gedränge:*** Bei den Schülern C wird kein Gedränge durchgeführt. Hätte nach normalen Regeln ein Gedränge angeordnet werden müssen, erhält diejenige Mannschaft den Ball, die den Regelverstoß nicht begangen hat. Das Spiel wird gemäß Ziffer 5. fortgesetzt.

7. ***Gasse:*** Bei den Schülern C wird keine Gasse ausgeführt. Das Spiel wird gemäß Ziffer 5. fortgesetzt. Der kurze Antritt muss 1 Meter von der Seitenauslinie entfernt ausgeführt werden.

8. ***Fußspiel:*** Der Ball darf nur nach vorne getreten werden, wenn der Spieler, der den Tritt ausführt, sich hinter seiner eigenen Verteidigungslinie aufhält. Diese Linie verläuft in einer Entfernung von 10 m von der Mallinie parallel zu ihr. Bei Einfügung des Spielfeldes in das Normalfeld entspricht die Verteidigungslinie der 15-m- Linie.

9. ***Foulspiel:*** Es gelten die gleichen Regeln wie bei den Schülern D.

10. ***Der Ball:*** Schüler C spielen mit Bällen der Größe Nr. 4.

11. ***Spielkleidung:*** Es gelten die gleichen Regeln wie bei den Schülern D.

12. ***Halten:*** Es gelten die gleichen Regeln wie bei den Schülern D.

13. ***Abseits:*** Während des Spiels ist ein Spieler im Abseits, wenn er sich vor dem Ball befindet, den ein anderer Spieler seiner Mannschaft zuletzt gespielt hatte, und ins Spiel eingreift oder wenn er sich bei einem Kick vor dem tretenden Spieler seiner eigenen Mannschaft befindet. Ein Verstoß wird mit einem Straftritt geahndet.

14. ***Anzahl der Spieler:*** Acht. Es dürfen drei Spieler ausgewechselt werden.

6.1.2.10 Beispiele für Unterrichtseinheiten bzw. Trainingseinheiten

I.

Trainingsteil	Ziele	Organisation
10' Aufwärmen	Ballgewöhnung Laufen mit dem Ball Passen und Annehmen	Die Teilnehmer werden in 4 Gruppen aufgeteilt und stellen sich hintereinander an den 4 Ecken eines 7–10 m großen Quadrats („Grid“) auf. Der erste Spieler einer jeden Gruppe trägt einen Ball.

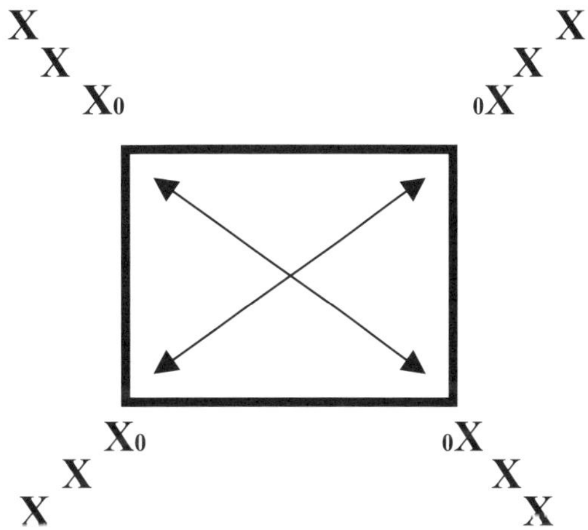

Durch gleichzeitiges diagonales Laufen der 4 Ballträger wird der Ball dem nächsten Spieler auf der gegenüberliegenden Seite übergeben.
Variationen:
- Ball in beiden Händen tragen und passen
- Ball hochwerfen, fangen, passen
- Ball vor dem Gegenüber ablegen
- Ball dem Gegenüber zurollen
- Ball kicken, fangen und passen

Trainingsteil	Ziele	Organisation
30' Hauptteil	Verbesserung der Antrittschnelligkeit und Beschleunigungsfähigkeit	Die gleiche Einteilung der Gruppen, doch nebeneinander aufgestellt:

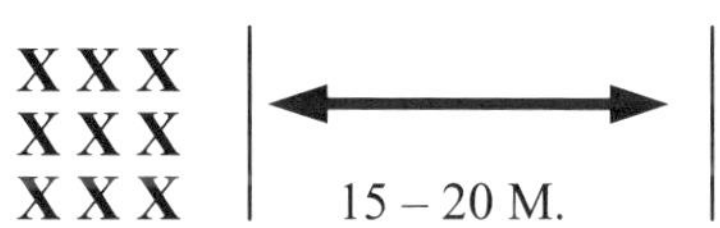

		Staffelspiele mit: – Ball tragen und übergeben/passen – Ball kicken – fangen (auch 2–3 mal) und übergeben/passen – Ball hochwerfen – fallen lassen dann aufnehmen und weiterlaufen – Sprintstaffeln
		Sprungvarianten ein- und beidbeinig: – Hocksprünge – Einbeinsprünge – Drei- und Fünfsprünge – Wechselhüpfen
	Verbesserung der Koordination	Koordinationswettkampf mit dem Ball bei vorgegebener Zeit: jeweils 30 Sek.: – größte Anzahl von Kreisen um die Hüften (links und rechts herum) – größte Anzahl von Achter-Bewegungen zwischen den Knien – größte Anzahl von Kicks beim Jonglieren des Balles mit den Füßen – Kombination der Übungen
	15’ Spiel	Touch-Rugby oder Mini-Rugby mit den Regeln der D-, bzw. C-Schüler
5’Abschluss	Lehrer-Schüler-Gespräch zum Verlauf der Stunde	Auslaufen, Auflockerungsübungen

II.

Trainingsteil	Ziele	Organisation
10'Aufwärmen	Interesse bei den Schülern wecken Dehnen des Bein-, Rumpf - und Schulterbereichs Vorbereitung des Herz-Kreislaufs für die folgenden Belastungen	Dehnübungen Kleine Spiele mit dem Ball, z.B.: 1. Schattenlaufen 2. Fangen, wobei der Ballträger den Mitspieler mit dem Ball berühren muss 3. Schwanzjagen: Es werden Gruppen mit je 5 - 6 Schüler gebildet. Jeder hält sich an den Hüften des Vordermannes fest. Ein Schüler versucht mit dem Ball in der Hand den Gruppenletzten zu jagen und zu fangen. Der Kopf des Drachens verteidigt.
30' Hauptteil	Verbessern der Koordination	Slalomlauf durch die Gruppe mit dem Ball, der dann von vorne nach hinten abgegeben, gepasst oder gekickt wird Bewegungsverbindungen im Wettkampf mit aufgestellten Ziele und Hindernissen die übersprungen, unterkrochen oder die man umlaufen muss Fangspiele mit Bällen
	Reaktionsschulung	Reaktions- und Startspiele auf unterschiedliche Signale (optisch, akustisch): – Sprints über 5 – 10 m aus verschiedenen Startpositionen (tiefe Kniebeuge, Bauch- oder Rückenlage) – Kurzsprints mit Geschicklichkeitsaufgaben (Tragen-, Passen-, Kicken und Einsammeln mehrer Rugbybälle)
	Spielerisches Erlernen der Überkicks	Zwei Schüler stehen sich gegenüber (5–7 m) und treten sich den Ball zuerst hoch, dann immer flacher zu. Ein dritter stellt sich zunächst passiv in der Mitte auf, der Ball wird über ihn hinweg gekickt. Dann wird er aktiver und versucht den gekickten Ball zu blocken/herauszufangen:

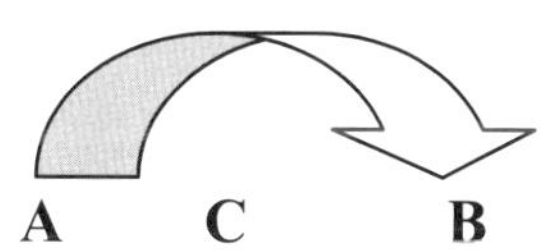

		Zieltritte: Der Ball wird aus einer Entfernung von ca. 15m zuerst flach, dann über einen Mitspieler in ein ca. 10 Quadratmeter großes Ziel gekickt. Jeder Spieler hat 10 Versuche und bekommt je 1 Punkt für einen gelungenen Kick.

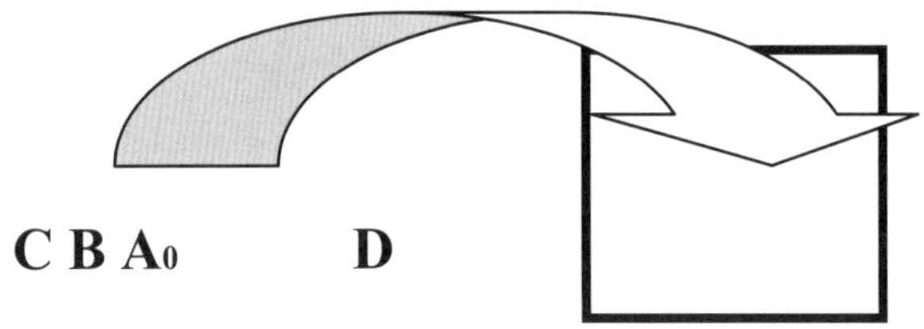

		Kicks über ein Handball- oder Fussballtor, bzw. über die Goalstange und Fangen auf der anderen Seite
	10’ Rugbyspiel	OK - Rugby oder Minirugby mit für diese Altersgruppe angepassten Regeln. Großzügige Regelauslegung, nur bei wichtigen Regelübertretungen den Spielfluss unterbrechen (z.B. bei einem nichtabsichtlichen Vorfallen des Balles nicht abpfeifen!)
5’ Abschluss	Schüler sollen sich der Lernerfolge der Sportstunde (des Trainings) bewusst werden	Auslaufen, Auflockerungsübungen Abschlussgespräch

III.

Trainingsteil	**Ziele**	**Organisation**
10' Aufwärmen	Körperliches Aufwärmen Die Aufmerksamkeit wecken Ballgewöhnung	**10er Fang**: Je 2 Mannschaften zu je 4–5 Schüler befinden sich in einem Viereck mit der Seitenlänge von ca. 15 m. Die Spieler einer Mannschaft passen sich den Ball zu, während die anderen Spieler versuchen den Ball herauszufangen. Wenn das gelungen ist, oder der Ball auf den Boden fällt, wird gewechselt. Bei jeder Runde werden die Pässe gezählt, die Mannschaft mit mehreren Pässen erhält jeweils einen Punkt.

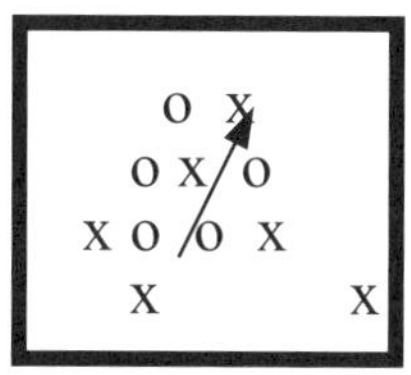

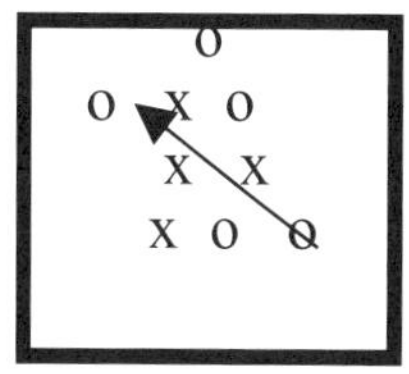

Schattenlaufen:
Die Schüler laufen im Quadrat paarweise hintereinander. Auf ein Zeichen
legt der Ballträger den Ball ab, der hintere Mitspieler nimmt ihn auf und läuft nach vorne
- kickt der Ballträger den Ball 2–3 m hoch, der hintere Mitspieler versucht ihn zu fangen
- wird der gedribbelte Ball aufgenommen und dem hinteren Spieler zugepasst, der ihn auf den Boden legt und weiter dribbelt

30 - 40' Hauptteil		Partnerübungen: – Hahnenkampf – Schiebekampf – Ziehkampf Hindernisparcours mit Kletter-, Kriech-, Sprung- und Wurfaufgaben – Reaktivkraftübungen: Sprünge auf, von und über 30–50 cm hohe Hindernisse – Werfen von leichten Medizinbällen

(1–2 kg): Hochwerfen, Schwungwurf mit 2 Händen, Kniebeuge und im Aufrichten den Medizinball zum Partner stoßen, im Hüpfen (aus der Tiefhocke) den Ball zum Mitspieler stoßen.

Die Teilnehmer werden in 4 Gruppen aufgeteilt und stellen sich in einer Stern formation gegenüber auf:

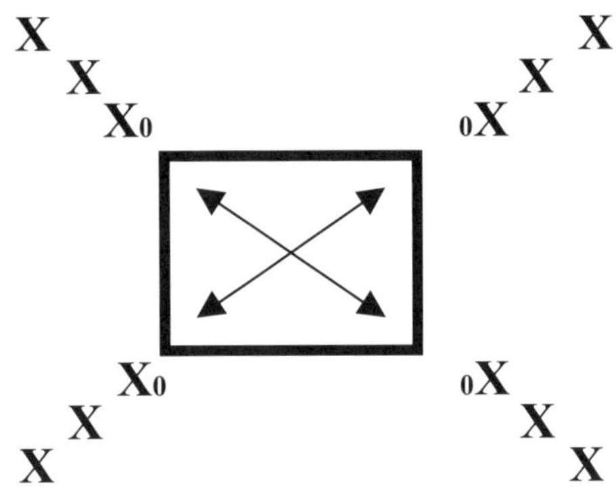

Die 4 ersten Spieler sind Ballträger und laufen auf der Diagonale auf den Gegenüber zu und aneinander vorbei ohne sich zu berühren:
– Zustecken des Balles
– Passen
– Laufen - Kicken - Fangen und Passen oder Zustecken
– Bis zur Mitte laufen, dann den Ball dem Gegenüber zurollen
– Bis zur Mitte laufen, dann den Ball dem Gegenüber zukicken
usw.

In 2er Formation nebeneinander laufen:
– Passen
– Kicken - Fangen - Passen
– Für den Mitspieler Kicken
– Bodenroller - Aufnehmen - Passen

OK -, bzw. Minirugby mit den für diese Altersklassen gültigen Spielregeln

5' Abschluss

Zusammenfassung der Idee des Rugbyspiels
Ausblick auf die nächste Stunde.

6.2 Grundlagentraining (Förderstufe 2, 11–12-Jährige)

6.2.1 Zielsetzung des Grundlagentrainings

Mehr als bei anderen Sportspielen ist beim Rugby die Tendenz ausgeprägt, Kinder und Jugendliche schon frühzeitig dem einen oder anderen Mannschaftsteil zuzuordnen, sie auf bestimmte Positionen zu spezialisieren, wodurch man relativ schnell Spiele in diesem Altersbereich gewinnen kann. Dies verschiebt die Schwerpunkte der sportlichen Ausbildung auf einen kurzfristigen Erfolg, statt sich auf die Verbesserung der langfristig notwendigen koordinativen Fähigkeiten, das Sammeln von vielfältigen Bewegungserfahrungen und die Entwicklung der konditionellen Fähigkeiten zu konzentrieren. Dazu kommt, vor allem bei den Stürmern, die Gefahr einer Überbelastung der Wirbelsäule (im angeordneten Gedränge sowie im Paket), was zu späteren Wirbelsäulenschäden und -deformationen führen kann, die normale Skelettentwicklung wird so gefährdet.
Um solche Risiken zu minimieren, soll die Ausbildung im Grundlagentraining deshalb methodisch auf die Grundausbildung aufbauen, den entwickelnden Charakter des allgemeinen und vielseitigen Trainings beibehalten und spezielle Inhalte altersgemäß einführen.

Übergeordnete Ziele sind
- Die Förderung der allgemeinen körperlichen Entwicklung
- Das Sammeln vielseitiger Bewegungserfahrungen
- Die Weiterentwicklung der koordinativen Fähigkeiten
- Die Verbesserung der allgemeinen konditionellen Basis (alle Schnelligkeitsformen, die Grundlagenausdauer, die allgemeine Kraft und die Beweglichkeit)

Sportartspezifische Ziele:
- Die Verfeinerung der rugbyspezifischen technisch-taktischen Elemente sowie ihre variable Verfügbarkeit.
- Das Sammeln neuer Wettkampferfahrungen

Da einige der koordinativen Fähigkeiten (die kinästhesische Differenzierungsfähigkeit, die Gleichgewichtsfähigkeit, die komplexe Reaktionsfähigkeit sowie die Rhythmusfähigkeit) schon nahezu Erwachsenenwerte erreichen können, sollte diesen Fähigkeiten besonders Aufmerksamkeit geschenkt werden. Zusammen mit dem Schnelligkeitstraining sowie dem Sammeln vielfältiger Bewegungserfahrungen sind sie Schwerpunkte der Trainingsgestaltung.

6.2.2 Die sportliche Ausbildung

6.2.2.1 Training der koordinativen Fähigkeiten

Das Training der koordinativen Fähigkeiten ist ein Ausbildungsschwerpunkt in dieser Altersgruppe. Durch regelmäßige Durchführung von komplexen Reaktionsübungen, durch Gleichgewichtsschulung sowie durch wiederholte Ballkontakte zur Verbesserung der kinästhesischen Differenzierungsfähigkeit, wird die motorische Leistungsfähigkeit optimiert.

Methodische Hinweise:
- Stellung komplexer koordinativer Aufgaben
- Die Bewegungen aus unterschiedlichen Ausgangsstellungen durchführen (Bauchlage, Rückenlage usw.)
- Viele der Geschicklichkeitsübungen sollten mit dem Rugbyball durchgeführt werden.

Allgemeine Übungsbeispiele:
- Laufstaffeln mit Ballführung und überwinden mehrerer Hindernissen
- Laufen mit dem Ball und 1–2 Rollen vor und/oder rückwärts, sowie Drehungen des Körpers
- Aufeinanderfolgen verschiedener Aufgaben: Laufen mit dem Rugbyball auf/über verschiedene Hindernissse springen – Hüpfen und Klettern

- Geschicklichkeitsübungen mit dem Rugbyball:
  - größte Anzahl aufeinanderfolgender Kicks, ohne dass der Ball den Boden berührt (Jonglieren mit dem Fuß);
  - auf Zeit (1–2 Minuten) größte Anzahl von Kreisen des Balls um die Hüften, nach rechts bzw. nach links.

Die Anforderungen an den koordinativen Bereich sind im Rugbyspiel besonders hoch. Werfen, Kicken und Fangen des Balles, die individuellen- und Gruppenkämpfe für die Balleroberung verlangen das genaue Koordinieren komplizierter Bewegungsabläufe, um sich den ständig veränderten Spielsituationen anpassen zu können.

6.2.2.2 Training der konditionellen Fähigkeiten

Die Erweiterung der konditionellen Basis bedeutet in dieser Altersgruppe das systematische Training aller Formen der Schnelligkeit (Fortbewegungs-, Aktions- und Reaktionsschnelligkeit), die Entwicklung eines allgemeinen Kraftpotentials, die verstärkte Berücksichtigung der Ausdauerbelastungen, aber auch das Betonen des Beweglichkeitstrainings wobei das erforderliche Niveau an allgemeiner und spezieller Beweglichkeit einen Höhepunkt erreichen kann.

Das Ausdauertraining

Zu der Dauermethode mit kontinuierlicher Intensität als Hauptmethode der Verbesserung der Grundlagenausdauer in der vorherigen Altersstufe, kommt ein eher umfangs- als intensitätsbezogenes Training durch die wechselnde Dauermethode hinzu, z. B. durch Fahrtspiele oder Intervalldauerläufe.

Die Belastungen variieren in der Regel zwischen 15–30 Minuten/Trainingseinheit, bei einer durchschnittlichen Pulsfrequenz von 155–175 Schlägen/Minute.

Methodische Hinweise:

- Abwechslung von kontinuierlichen mit wechselnden Belastungsformen
- Vermeiden einer übermäßigen Beanspruchung durch Einhalten der vorgegebenen Intensität (Tempo, Pulsfrequenz) und/oder des Umfangs (Strecke, Dauer)
- Vermeiden von Monotonie im Ausdauertraining

Allgemeine Übungsbeispiele:

- Nummernwettläufe
- Pendelstaffeln
- Endlosstaffeln
- Extensive Intervallmethode, z.B.:
  - Dauer: 2–5 min
  - Intensität: HF 165–180
  - Anzahl der Wiederholungen: 4–6
  - Pause zwischen den Wiederholungen: 2–3 Minuten
- Wechselhafte Dauermethode, z.B.:
  - 3 x 5 min mit einer HF von 150–165
  - Dazwischen leicht traben oder gehen mit Atem- und Auflockerungsübungen

Das Krafttraining

Das allgemeine Kraftpotential wird weiter ausgebaut, die Schnellkraft verstärkt im Training berücksichtigt. Da das Skelettsystem noch nicht gefestigt ist, muss das Krafttraining genau dosiert werden. Zu den Kraftübungen mit eigenem Körperwiderstand kommen Übungen mit dem Partner hinzu sowie Krafttraining an Geräten mit Schonung der Wirbelsäule (vor allem keine Druck- und Zugbelastungen). Damit ist gewährleistet, dass die physischen Entwicklungsprozesse unterstützt werden und die allgemeine Belastbarkeit wächst.

Methodische Hinweise:
- Die Übungen sollen so aufeinanderfolgen, dass sie die Entwicklung der großen Muskelgruppen sichern
- Beim Circuittraining werden vor allem die kurzen Circuits bevorzugt (extensiv oder intensiv mit Intervallen)

Allgemeine Übungsbeispiele:
- Kraftübungen unter Einwirken des eigenen Körpergewichts:
  - Kletterübungen
  - Klimmzüge
  - Liegestütz
  - Kniebeugen
  - Hindernisturnen
  - Vielfältige Sprungkraftschulung
- Partnerübungen:
  - Schiebekämpfe
  - Ringen
  - Liegestützwegziehen
  - Hahnenkampf
  - Zieh- und Hüpfstoßkämpfe ein- oder zweibeinig
- Medizinballwurfübungen
  - Rugbyspezifische Pässe mit dem Medizinball im Stehen
  - Beidarmiges Werfen rückwärts aus dem Seitgrätschstand
  - Beidarmiges Stoßen von der Brust
  - Im Laufen zum Partner passen
- Circuittraining mit und ohne Zusatzlasten
  - 4–6 Muskelgruppen/Trainingseinheit
  - Belastungen von 20–30 sec. bzw. 15 Wiederholungen
  - 5 Durchgänge
  - 3–5 Minuten Pause zwischen den Durchgängen mit Muskelauflockerungen

Das Schnelligkeitstraining

Alle Schnelligkeitsformen sind optimal trainierbar, vorausgesetzt die Belastungen sind kurz, das Durchführungstempo explosiv und die Pausen so lange, dass sie eine vollständige Erholung erlauben. Die Reaktionsschnelligkeit kann in diesem Alter schon ihre Höchstwerte erreichen. Deshalb sollten viele Reaktions- und Startspiele durchgeführt werden. Ein gezieltes Training der Beweglichkeit, der Schnellkraft sowie der Koordination kann aber auch die anderen Formen der Schnelligkeit entscheidend verbessern: die Fortbewegungs- und die Aktionsschnelligkeit.

Methodische Hinweise:

- Das Schnelligkeitstraining soll in ausgeruhtem Zustand und nach gutem Aufwärmen stattfinden
- Die Intensität der Ausführung ist maximal
- Die Pausen sollen eine vollständige Wiederherstellung erlauben

Allgemeine Übungsbeispiele:

- Übungen aus der Laufschule mit Technikkorrektur
- Reaktions- und Startspiele über 10–15 m aus unterschiedlichen Startpositionen (Tiefhocke, Rückenlage, Bauchlage, Liegestütze), Nummernwettläufe
- Staffelläufe: Umkehrstaffeln, Pendelstaffeln, Ballholstaffeln
- Partnerverfolgungssprints mit Vorgabe über 15 – 20 m
- Linien- und Zick-Zackläufe mit und ohne Rugbyball
- Wechsel von Vorwärts- und Rückwärtssprints
- Beschleunigungsläufe bis zur maximalen Schnelligkeit

Das Beweglichkeitstraining

Aktive und passive Dehnübungen mit und ohne Partner, mit Hanteln und Medizinbällen bleiben auch in dieser Altersstufe als ständiger Trainingsinhalt erhalten. Sie sind die Voraussetzung für eine geringere Verletzungsanfälligkeit, für eine optimale und ökonomische Bewegungsausführung durch Verbesserung der inter- und intramuskulären Koordination.

Allgemeine Übungsbeispiele:

- Dauerdehnungen: 15–20 sec./Übung
- Wiederholende Übungen: 15–20 mal/Übung
- Dehnübungen mit Partner
- Dehnübungen mit Rugbybällen, Medizinbällen und Kurzhanteln
- Übungen aus der Grundgymnastik: Rollen vorwärts und Rückwärts, Brücke, Spagat

6.2.2.3 Technische und taktische Ausbildung

Die Feinformung der rugbyspezifischen Technikelemente in Verbindung mit individual- und gruppentaktischem Verhalten sollte den variablen Einsatz der Techniken unter taktischen Gesichtspunkten erlauben. Dafür sollen im Training mehrere Lösungen für die einzelnen Handlungen zur Verfügung stehen, um zu erreichen, dass innerhalb der Spielhandlungen, jeweils die richtige technisch-taktische Entscheidung getroffen wird. Dadurch verstehen die Spieler die logischen Zusammenhänge des Spielgeschehens und können ihre Handlungen dementsprechend dem Gegner aufzwingen. Noch sind die aufgebauten Spielsituationen einfach strukturiert und am Anfang der Etappe wird zunächst das individualtaktische Verhalten vor dem gruppentaktischen stehen. Voraussetzung dafür ist sicherlich ein Stabilisieren der Technik, das Herausbilden eines dynamischen Stereotyps, um sich auf die taktischen Inhalte konzentrieren zu können.

Innerhalb des individuellen und kleingruppentaktischen Angriffsverhaltens sollten situationsbezogene Übungen wiederholt werden, wie z.B.:

- Lösungen von Überzahlsituationen 2x1; 3x2, wobei besondere Aufmerksamkeit dem Ballträger (Binden des Gegners), dem Mitspieler (Freilaufen noch vor dem Ballbesitz) sowie dem Verteidiger (Tacklen des ersten Ballträgers, wenn dieser jedoch zu früh gepasst hat dann Tacklen des zweiten Angreifers) gelten.

- Lösungen von Gleichzahlsituationen 1x1; 2x2; 3x3, um eine Lücke für einen Durchbruch des Ballträgers oder eine Überzahlsituation am Ende der Reihe (2x1) zu bewirken. Dafür sollte ein Set von Lösungen (Überpass, Schere, angetäuschte Schere, direkter Durchbruch, Überkick, Bodenroller) angeboten werden, welches dem Ballträger erlaubt auf die verschiedenen Abwehrfehler mit der besten Lösung zu reagieren, während die Mitspieler ihn spontan unterstützen.

Zu der in der ersten Förderstufe geschulten und jetzt verfeinerten Grundtechnik (Übungen für die Verbesserung von Passen und Annehmen, Laufen mit dem Ball, Sidesteps und Handabwehr, Kicken und Fangen, Tacklen, den Ball vom Boden aufnehmen), kommen nun Kontaktübungen sowie Gruppentechniken dazu.

Kontaktübungen

1. 1x1: Beide Spieler in einer Schiebeposition wie im angeordneten Gedränge. Von der Mallinie aus schiebt der Angreifer seinen Gegenüber 10m, dann wechselt er die Seite und schiebt mit der anderen Schulter weiter bis zur 22 m-Linie.
Zurückgehen mit Auflockerungsübungen, dann werden die Rollen getauscht.
3–4 Wiederholungen mit halber bis dreiviertel Kraft, dabei aber mit korrekter Kraftübertragung: gestreckter Rücken, Schulterlinie höher als das Becken.

2. 1x1: Schiebeposition wie oben, jeder Spieler bindet mit seinem Partner über der Mallinie und versucht ihn zurückzuschieben, bis beide Füße über die Mallinie treten.
Dann die Schulterseite wechseln und wiederholen
4–6 Serien.

3. 3x3: Die ersten beiden Übungen wiederholen.

4. 1x2: Ein Angreifer ist auf der Mallinie aufgestellt und 2 Mitspieler stehen gebunden 5m weit entfernt. Der Angreifer läuft auf sie zu, beschleunigt und wuchtet in Hüfthöhe zwischen die beiden Spieler vor ihm, schiebt sie 10 m nach vorne, läuft dann weiter bis zur 22 m-Linie. Dann kehrt er zurück, wiederholt die Kollisionsübung und schiebt die Mitspieler auf ihre Ausgangsposition zurück, um dann zur Mallinie zu sprinten. Nach je zwei Wiederholungen werden die Rollen gewechselt.
3 – 4 Serien sollten als Techniktraining durchgeführt werden, 8–10 verbessern auch die spezielle Ausdauer.

5. 3x3: Dieselbe Übung, doch in einer anderen Aufstellung der Angreifer: Während sich die 3 Verteidiger in einer Linie gebunden aufstellen, stürmen die Angreifer in einer tiefen Körperhaltung mit 2 gebundenen Spielern vorne und einem hinten. *(s. Abb. 11).*

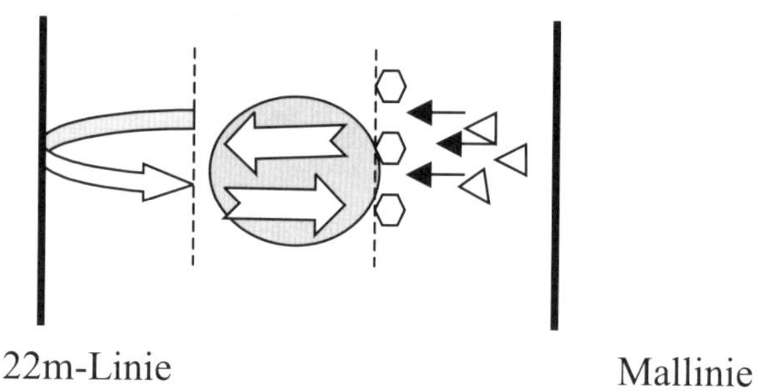

Abb. 11: Kontaktübung 3 x 3

6. Aufeinanderfolgende 2x1 Situationen: Der Ballträger X1 greift den ersten Verteidiger 01 an und passt nach Schulterkontakt mit diesem, seinem Mitspieler X2 den Ball zu, der den zweiten Verteidiger 02 angreift und nach dem Schulterkontakt mit diesem den Ball seinem Unterstützer zupasst: *(s. Abb. 12).*

7. 4x4: Aufstellung wie oben: Angreifer und Verteidiger stehen sich gegenüber. Der Ballträger X1 greift den ersten Verteidiger an (01), wird getacklet, geht zu Boden und legt den Ball für seinen nächsten Mitspieler bereit (X2). Dieser nimmt ihn auf, greift den zweiten Verteidiger (02) an, wird getacklet und legt seinerseits den Ball ab.

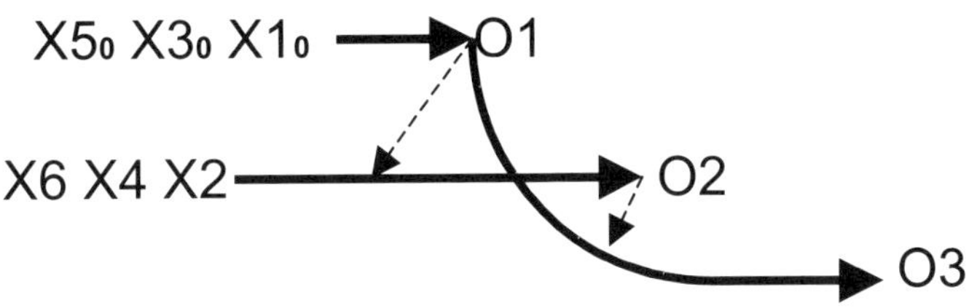

Abb. 12: Aufeinanderfolgende 2 x 1 Situationen

Durch Anschluss von O1, O2 u.s.w. an den Letzten seiner Gruppe, kann diese Übung über eine Strecke von 30–40m stattfinden.

8. 4x4: In derselben Aufstellung werden die Aufgaben der Angreifer jedoch anders verteilt: Während der Ballträger getacklet wird, steigt der nächste Mitspieler X2 über die beiden am Boden liegenden Spieler hinweg, nimmt den Ball auf und passt ihn dem nächsten Angreifer zu (X3), der auf den nächsten Verteidiger zustürmt und von diesem getacklet wird. Auch diese Übung kann durch schnellen Anschluss an die eigene Gruppe über eine längere Strecke hinweg stattfinden.

Gruppentechniken

Anders als bei der Grundtechnik, die jeder Rugbyspieler sicher beherrschen soll, sind die Gruppentechniken vor allem den Stürmern vorbehalten. Obwohl im Training in diesem Alter keine Trennung Stürmer - Hintermannschaft erfolgt, werden bei der Einführung der Mannschaftsteiletechniken alle Spieler einbezogen. Die spielentscheidende Bedeutung erfolgreich ausgeführter Gruppentechniken verdeutlicht die hohe Anzahl von bis zu 30 Gassen und etwa 20 Gedrängen im Verlauf der 80 Minuten eines einzigen Spiels. Versagt der Sturm bei diesen wichtigen Aktionen, kann auch die beste Hintermannschaft das Spiel nicht mehr zu Gunsten ihres Teams entscheiden. Aus diesem Grund kommt dem Einstudieren und Trainieren solcher Techniken allergrößte Bedeutung zu.

Das angeordnete Gedränge

Ein Gedränge wird von Spielern beider Mannschaften gebildet, die sich so aufstellen, dass der Ball zwischen ihnen auf den Boden eingeworfen werden kann. Bevor das Gedränge beginnt, muss jede erste Reihe in gebeugter Haltung gebunden sein und mit den Köpfen und Schultern nicht tiefer als die eigenen Hüften sein. Die Teilnehmeranzahl variiert von 3 Spielern in einer Reihe beim Minirugby bis zu 8 in 3 Reihen beim Junioren- und Herrenrugby.

Um ein wirkungsvolles Vorwärtsschieben zu erreichen, muss durch starkes Binden, eine korrekte Fußposition und einen geraden Rücken eine feste Blockbildung aller Teilnehmer stattfinden. Dabei sind alle Teilnehmer dem Spieler aus der ersten Reihe Mitte, dem Hakler, untergeordnet.

Das offene Gedränge

Die Regel definiert das offene Gedränge als eine Situation, die sich bildet, wenn der Ball auf dem Boden liegt und sich ein oder mehrere Spieler beider Mannschaften auf den Füßen gegenüberstehend in körperlichem Kontakt um ihn zusammengeschlossen haben. Dabei darf ein Spieler, wie auch im angeordneten Gedränge, seinen Kopf und seine Schultern nicht tiefer als seine Hüfte haben. Er muss mindestens mit einem Arm den Körper eines Spielers seiner Mannschaft umfassen, der sich bereits im offenen Gedränge befindet.
Diese Situation entsteht direkt aus dem Spielverlauf heraus. Aus diesem Grund existieren auch keine Vorschriften für eine festgelegte Anordnung. Lediglich die Abseitsregel muss beachtet werden, der zufolge nur aus der Richtung des eigenen Malfeldes in das Geschehen innerhalb dieser Gruppierung eingegriffen werden darf.

Das Paket (Maul)

Wie das zuvor beschriebene offene Gedränge entwickelt sich auch das Paket aus einer Spielsituation heraus. Dies geschieht besonders häufig im Anschluss an eine Gasse oder wenn ein Spieler nach dem Halten nicht zu Boden gebracht werden konnte. Dieser Gruppenkampf um den Ball findet dann statt, wenn ein oder mehrere Spieler beider Mannschaften auf den Füßen stehen und sich in körperlichem Kontakt um einen Spieler, der im Ballbesitz ist, zusammengeschlossen haben.
Auch für das Paket gilt, dass jeder weitere Spieler nur aus der Richtung des eigenen Malfeldes in den Kampf eingreifen darf.

Die Gasse

Der Variantenreichtum in den Aufstellungsmöglichkeiten der Gasse übersteigt den der zuvor beschriebenen Gruppentechniken bei weitem. Im folgenden sollen nur grundlegende Formationen erläutert werden.
Eine Gasse wird von mindestens zwei Spielern jeder Mannschaft gebildet, die sich in einfachen Reihen hintereinander parallel zur Gassenlinie in Erwartung des Balles aufstellen, der zwischen beide Reihen geworfen wird. Die einwerfende Mannschaft bestimmt die Höchstzahl der Spieler beider Mannschaften, die an der Gasse teilnehmen. Der Einwurf erfolgt üblicherweise durch den Hakler, der den Ball ohne Verzögerung hinter der Auslinie stehend ins Spiel bringt. Zuvor wird mit dem Einwerfer abgesprochen, welcher der Fänger zum Einsatz kommen soll. Dann springt dieser mit beiden Beinen entweder aus dem Stand heraus oder unter Verwendung eines einzigen Anlaufschrittes ab.

Bei einer richtigen Anwendung dieser Technik können die neben dem Fänger postierten Mitspieler ihren Mannschaftskameraden heben und unterstützen, um sich danach zu einem Paket zusammenzuschließen und dem sofort einsetzenden Druck der Gegner entgegenzuwirken. Wenn mit mehreren Stürmern gespielt wird, schließen sich diese der Dreierformation so an, dass sich eine stabile Konstellation entwickelt und der Ball weiterhin geschützt und abgespielt werden kann.

6.2.2.4. Theoretische Vorbereitung

Das Aneignen der Grundregeln reicht in dieser Ausbildungsstufe nicht mehr aus. Die Differenzierung in Mannschaftsteile, wenn auch mit einer reduzierten Spieleranzahl, macht Gruppenkämpfe möglich und erfordert damit auch erweiterte Regelkenntnisse, vor allem bezüglich der Abseitsregeln in Standardsituationen, bei offenem Gedränge und Paket.
Auch sollen die Spieler die Wichtigkeit einer schnellen Überschreitung der Vorteilslinie verstehen, sowie die taktischen Möglichkeiten erkennen, die ein schnelles Kreuzen dieser (gedachten) Linie erlauben.

6.2.2.5 Aneignung eines Fair-Play Kodex

Durch die nun eingeführten Gruppenkämpfe, die auch das Regelwerk erweitern, ist das Spiel nicht mehr so leicht zu erfassen wie in der ersten Förderstufe. Daher ist es wichtig, dass alle Spieler schon frühzeitig lernen, Schiedsrichter- und Gruppenentscheidungen zu akzeptieren.
Hinzu gekommen ist auch die Möglichkeit, im Spiel zu tacklen und getacklet zu werden, was einen öfteren Bodenkontakt der Spieler zur Folge hat. Viele von ihnen blockieren dabei aus technischen Mängeln oder Regelunkenntnis den Weg des Balles und unterbrechen damit den normalen Spielfluss. Dies löst des öfteren unkontrollierte Aggressionen dem Spieler am Boden gegenüber aus, die nicht akzeptiert werden dürfen.

6.2.2.6 Anforderungen im psycho-sozialen Bereich

Durch die in dieser Stufe erreichte Komplexität des Spiels werden schon Spielkonzepte ausgearbeitet, was voraussetzt, dass diese auch verstanden, verarbeitet und eingehalten werden können. Dieses kann nur dann geschehen, wenn eine gute Konzentration entwickelt wird, die es dem Spieler erlaubt, auch während einer längeren physischen und psychischen Ermüdungsphase das Geplante noch umzusetzen.
Eigene Interessen und Initiativen sollen auch gerade wegen der häufigen Einbindung und Einordnung in Gruppenhandlungen gefördert werden, um das Selbstvertrauen und das Selbstbewusstsein der Spieler zu stärken.

6.2.2.7 Spielregeln der Schüler B

Ein für Anfänger sinnvolles Spiel muss einfacher sein als das Zielspiel und dennoch gewissen Mindestanforderungen gerecht werden. Um die Schüler zu befähigen, das weiterführende 15er-Spiel von seinem Aufbau und seiner Idee her zu begreifen, um es später einmal selbst spielen zu können, dürfen Spielerpositionen, Gruppenzusammensetzungen und Regelwerk keineswegs entscheidend verändert werden. Durch ein Reduzieren der Spieleranzahl wird das Geschehen auf dem Spielfeld zum einen übersichtlicher, zum anderen nimmt die Anzahl der in die Gruppenkämpfe verwickelten Akteure ab. Jedes Trainingsspiel sollte sich positiv auf die Entwicklung der für das wettkampfmäßig betriebene Rugby wichtigen Techniken und Taktiken auswirken.
Das nachfolgend vorgestellte und in dieser Altersgruppe der DRJ gespielte **8er-Rugby** orientiert sich an diesen Richtlinien.

1. Spielfeld: In Querrichtung mit beiden 5-m-Linien als Mallinien, seitlich begrenzt durch die 22 m-Linie und die weiter entfernte 10 m-Linie. Abmessung: 40 x 65 m.

2. Spielzeit: 2 x 15 Minuten / 75 Minuten.

3. Spielbeginn: Ein Spieler der antretenden Mannschaft führt jeweils zu Beginn einer Halbzeit am Antrittspunkt einen Platztritt aus, bei Antritten nach Versuchen einen Sprungtritt. Die gegnerische Mannschaft muss 7 m entfernt sein. Beim Antritt muss der Ball diese 7 m entfernte Linie überqueren.

4. Arten der Erfolge: Es gelten die gleichen Regeln wie bei den Schülern C.

5. Straftritt: Ein Straftritt wird als kurzer Antritt ausgeführt. Die gegnerische Mannschaft muss einen Abstand von mindestens 7 Metern einhalten.

6. Gedränge: Ein Gedränge, wird von Spielern beider Mannschaften gebildet, die sich so aufstellen, dass der Ball zwischen ihnen auf den Boden werden kann. Bei den Schülern B wird ein Gedränge mit 3 Spielern in jeder Reihe durchgeführt. Der mittlere Spieler in jeder Reihe ist der Hakler, und die Spieler beiderseits von ihm sind Außenstürmer.
Die nicht für den Regelverstoß verantwortliche Mannschaft soll den Ball in das Gedränge einwerfen *(s. Abb. 13 und 14)*.

Abb. 13: Binden der Spieler im 3er Gedränge

Abb. 14: Einwurf des Balles durch den Gedrängehalb

Der Gedrängehalb der nicht einwerfenden Mannschaft und seine Mitspieler müssen sich hinter den letzten Fuß des hintersten am Gedränge beteiligten eigenen Spielers begeben. Sie dürfen erst dann zur Verteidigung anlaufen, wenn der einwerfende Gedrängehalb den Ball wieder aufgenommen hat, nachdem er das Gedränge verlassen hat. Ein Regelverstoß wird mit einem Straftritt geahndet *(s. Abb. 15).*

7. Gasse: Eine Gasse wird von 2 Spielern jeder Mannschaft gebildet, die sich in einfachen Reihen parallel und 5 m entfernt zur Seitenauslinie in Erwartung des Balles aufstellen, der zwischen beiden Reihen eingeworfen wiSpieler beider Mannschaften, die nicht an der Gasse teilnehmen,

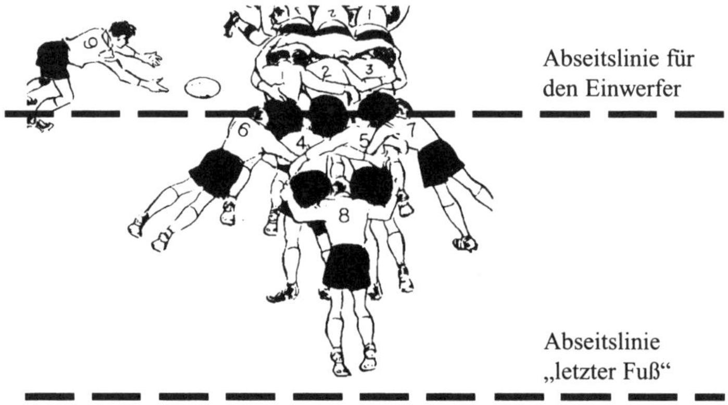

Abb. 15: Abseits am Gedränge

müssen sich 7 m hinter der Gassenlinie aufstellen. Sie dürfen erst anlaufen, wenn die Gasse beendet ist. Die Gassenlinie ist eine gedachte Linie im Spielfeld, die im rechten Winkel zur Seitenauslinie durch den Punkt verläuft, von dem der Ball einzuwerfen ist. Ein Regelverstoß wird mit einem Straftritt geahndet.

***8. Fußspiel*:** Das Spiel mit dem Fuß ist bei den Schülern B generell erlaubt. In der eigenen Verteidigungszone zwischen der 15 m-Linie und der 5 m-Linie ist ein Freifang (Marke) möglich. Ein Spieler macht einen Freifang, wenn er in seiner Verteidigungszone oder im eigenen Malfeld den Ball klar von einem Tritt des Gegners fängt und zugleich „Mark!“ ruft. Aufgrund eines Freifangs ordnet der Schiedsrichter einen Freitritt an, der wie ein Straftritt ausgeführt wird.
Der Tritt muss von dem Spieler ausgeführt werden, der den Freifang gemacht hat *(s. Abb.16)*.
Wenn die Marke im Malfeld ist, soll jedes daraus entstehende Gedränge 5 m vor der Mallinie auf einer Linie durch die Marke stattfinden.

9. Foulspiel: Es gelten die gleichen Regeln wie bei den Schülern C und D.

10. Der Ball: Schüler B spielen mit Bällen der Größe Nr. 4.

11. Spielkleidung: Es gelten die gleichen Regeln wie bei den Schülern C und D. Schraubstollen sind erlaubt.

12. Halten: Es gelten die gleichen Regeln wie bei den Schülern C und D.

***13. Abseits*:** Es gelten die gleichen Regeln wie bei den Schülern C.

Abb. 16: In seiner Verteidigungszone macht ein Spieler einen Freifang

14. Anzahl der Spieler: Acht. Es dürfen drei Spieler ausgewechselt werden.

15. Mannschaftsaufstellung: Eine Mannschaft besteht aus 8 Spielern, die die folgenden Rückennummern tragen sollen: 1 - Außenstürmer links, 2 - Hakler, 3 - Außenstürmer rechts, 9 - Gedrängehalb, 10 - Verbinder, 12 - Innendreiviertel, 13 - Innendreiviertel, 14 - Außendreiviertel.

6.2.2.8 Beispiele für Trainingseinheiten

I.

Trainingsteil	**Ziele**	**Organisation**
15' Aufwärmen	den Organismus für die anschließende Belastung vorbereiten Ballgewöhnung Dehnung der Muskulatur vor allem im Bein-Rumpf- und Schulterbereich	2 Ballträger stehen in der Mitte eines Kreises. Die Bälle werden im Kreis von Spieler zu Spieler und immer wieder zurück zur Mitte gepasst. Der zweite Ball soll den vorderen einholen.
45' Hauptteil	Verbessern der Aus dauerfähigkeiten	Dauerlauf mit attraktiv gestalteten Aufgaben: Hindernisse aufstellen die durchkrochen, übersprungen oder überklettert werden müssen Geschicklichkeitsausdauerstaffeln: z.B. Tragen mehrerer Rugbybälle (2 - 4) bis zur gegenüberliegenden Mallinie, dort Hochkick eines Balles über die Querlatte, Fangen und Zurücklaufen mit Ballübergabe an den nächsten Mitspieler
	Einführen und Verbessern des Tacklings Die Angst vor dem Körper- und Bodenkontakt nehmen	Tiefhalten im Kniestand von vorne und von der Seite 1:1 Tiefhalten von vorne im Kniestand 1:6 (die 6 Mitspieler krabbeln auf den Verteidiger zu und werden von diesem getacklet) Variationen: Die Mitspieler gehen, dann laufen auf den knienden Verteidiger zu Steigerung: Verteidiger in Tiefhocke Spiel: „Schwarz oder Weiß“: Die Teilnehmer werden in 2 Gruppen eingeteilt und sitzen paarweise Rücken an Rücken. Auf Zuruf versucht die aufgerufene Gruppe die Linie auf ihrer Seite zu erreichen, die andere versucht durch

Tiefhalten sie daran zu hindern
Variationen:
- aus der Tiefhocke, Bauchlage, Rückenlage
- mit dem Ball:

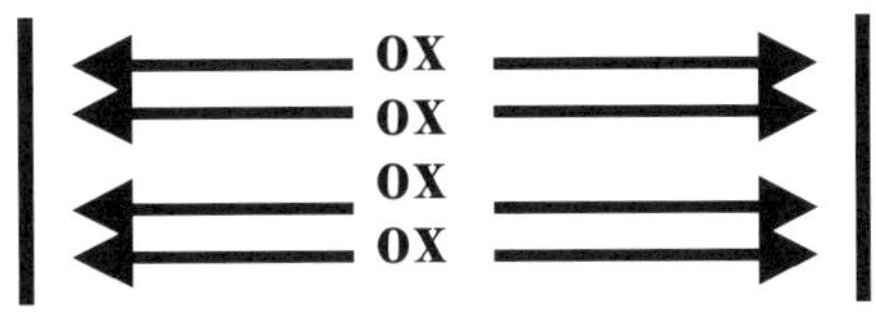

20' Rugbyspiele

Minirugbyspiel mit den für diese Altersgruppe geltenden Regeln. Wenn das Tackling noch nicht gefestigt ist, dann kann mit Klammern (Blocken) des Ballträgers gespielt werden.

10' Abschluss

Cool-down
Auflockerungsübungen

II.

Trainingsteil	Ziele	Organisation
15' Aufwärmen	Psycho-physiologische Anpassung an das Training Ballgewöhnung	In Gruppen zu je 2 Spielern mit einem Rugbyball längs hoch- und runterlaufen, dabei verschieden Pässe durchführen: Grundpass, Bogenpass, Passen und Umlaufen, den Ball auf den Boden werfen wobei ihn der Mitspieler beim Aufspringen („Drop") aufnimmt, etc.
	Dehnen	Die wichtigsten Muskelgruppen ca. 10–15 Sek. dehnen
		Rugbyspiel im Vierfüßlerlauf: Die Mannschaften stehen sich in einem abgesteckten Spielfeld gegenüber. Der Ball wird im Krabbeln durch Rollen am Boden vorwärts getrieben, bzw. gepasst. Ziel des Spiels ist es, den Ball auf oder hinter eine Mallinie zu rollen, wo ihn ein Spieler ablegen kann und somit einen Versuch erzielt.
40' Hauptteil	Durchführung komplexer koordinativer Aufgaben	Laufstaffeln mit Ballführung und Überwinden mehrerer Hindernisse Laufen mit dem Ball und 1–2 Rollen vor- und/oder rückwärts, sowie Drehungen des Körpers. Auf Zeit (30 Sek-1 Min) größte Anzahl von Rumpfkreisen mit dem Ball, dann Richtungswechsel. Mit dem Rugbyball jonglieren, dabei verschiedene Aufgaben lösen: auf ein Hindernis klettern, es überspringen, durchkriechen, usw. Mit 2-3 Bällen jonglieren
	Verbesserung der Kraftfähigkeiten	Kraftübungen unter Einwirken des eigenen Körpergewichts: Kletterübungen, Klimmzüge, Liegestütz, Kniebeugen, Verschiedene Sprungformen
		Partnerübungen: Schiebekämpfe, Liegestützwegziehen, Hahnenkampf,

Zieh- und Hüpfstoßwettkämpfe ein- oder zweibeinig
Circuittraining ohne Zusatzlasten:
Liegestütz – Kniebeugen –
Bauchmuskeln – Rückenstrecker

Die Belastung für jede Muskelgruppe beträgt 20–30 Sek. bzw. 15 Wiederholungen, dann geht man ohne Pause zur nächsten Muskelgruppe über
5 Durchgänge
3–5 Min. Pause zwischen den Durchgängen mit Auflockerungsübungen

Verbesserung der Grundtechnik: Passen-Annehmen, Kicken-Fangen, Tacklen

- Im Quadrat aufgestellt (wie oben), die gleichen Übungen mit gesteigerter Intensität, auch die Anzahl der Bälle kann auf 6–8 erhöht werden
- Auch können jeweils 2 Spieler mit einem Ball aus jeder Ecke loslaufen und Passübungen machen

- Kontaktübungen 1:1, 1:2 und 2:3 (Beschreibung s. „Kontaktübungen")
- Kick - und Fangübungen über das Goal
- 1:1 Überkicks, Hochkicks, Bodenroller, Dropkicks, Fallkicks. Der Abstand zwischen den Partnern wächst von 10 m auf 20–30 m

Tackleübngen:
1 : 6 Der Abwehrspieler muss eine markierte
8 –10 m breite Linie verteidigen, auf die jeweils ein Ballträger zuläuft um einen Versuch zu legen. Er erhält so viele Punkte, wie viele Versuche er verhindern kann. Dann wird er zum Angreifer und ein nächster Spieler nimmt seinen Platz als Verteidiger ein:

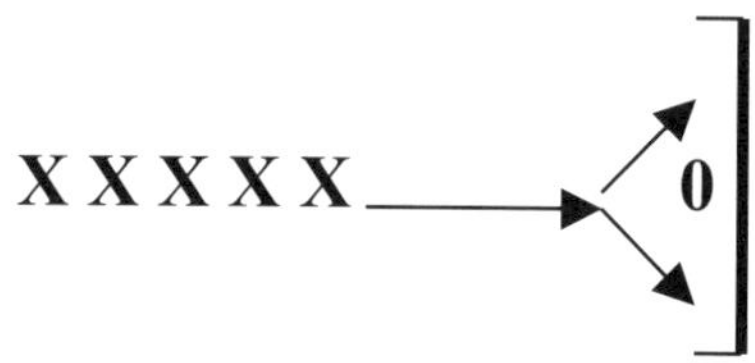

	15' Rugbyspiel	Minirugby mit den für diese Altersgruppe geltenden Regeln
10' Abschluss	Nachbesprechung: Rückmeldung, ob das Training den Spielern/ Schülern Spaß gemacht hat	Versammeln der Teilnehmer an der Spielfeldmitte. Auswertung des Trainings.

III.

Trainingsteil	**Ziele**	**Organisation**
15' Aufwärmen	Kurze Vorstellung des Trainings	Fußballspiel in kleinen Mannschaften mit dem Rugbyball
	Psychophysiologische Vorbereitung	Dehnen der großen Muskelgruppen
		Kleine Staffelspiele: – Umkehrstaffeln – Pendelstaffeln – Ballholstaffeln über 15-20m
60' Hauptteil	Einführung bzw. Verbesserung der Gruppentechniken	Einführung, bzw. Verbesserung der durch die Regeln in dieser Altersstufe erlaubten Gruppenkämpfe: 2-Mann-Gasse, 3-Mann-Gedränge, Aufbau von offenen Gedränge und Paket, Antritt. Aufstellen und Anlaufen, bzw. Verteidigen in der Hintermannschaft. Die Spieler sollten noch auf unterschiedlichen Positionen ausgebildet werden, und sich noch nicht auf die einzelnen Positionen spezialisieren!
	20' Rugbyspiel	Minirugby nach den in dieser Altersgruppe geltenden Regeln
	10' Verbesserung der aeroben Ausdauer	Extensive Intervallmethode: Dauer: je 2 Min. Intensität: Puls bei 165 - 180 S/Min Anzahl der Wiederholungen: 4–5, Pause zw. den Wiederholungen: 2–3'
10' Abschluss	Cool-down Auswertung des Trainings - Feedback	Auflockerungs- und Atemübungen

6.3 Aufbautraining I (Förderstufe 3, 13–14-Jährige)

6.3.1 Zielsetzung des Aufbautrainings I

In dieser Entwicklungsphase beginnt die Geschlechtsreife. Es bilden sich Unterschiede der kalendarisch Gleichaltrigen bezüglich ihrem biologischen Alter, ihrem psycho-physischen Reifegrad aus. Es gibt dabei Jugendliche, deren beschleunigte körperliche Entwicklung (die sogenannten „Akzelerierten") auch ein vergrößertes Leistungspotenzial gegenüber den Normalentwicklern und mehr noch gegenüber den Spätentwicklern („Retardierten") bewirkt. Durch die raschere Entwicklung des Skelettsystems, der Muskulatur und des Herz-Kreislaufsystems sind sie in dieser Phase auch besser ausdauer- und krafttrainierbar. Die akzelerierten Spieler besitzen durch ihre Körpergröße und Muskelkraft Vorteile gegenüber den Normal- oder Spätentwicklern. Meist spielen sie daher auch viel körperbetonter und werden auf Schlüsselpositionen gestellt, wo sie viele Angriffsbälle erobern oder erhalten und sich schnell zu alleinigen Leistungsträgern einer Jugendmannschaft entwickeln können.
Dabei kann bald ein Leistungsmaximum erreicht werden, während die Spätentwickler noch große Steigerungsmöglichkeiten haben und noch während der Pubertät die Leistungen der Akzelerierten übertreffen können. Hinzu kommen zwei weitere Aspekte. Einerseits kann bei den Akzelerierten wegen des ständigen Lobs als Leistungsträger eine sinkende Motivation für die gesteigerten Trainingsbelastungen eintreten. Andererseits ist ein schwindendes Interesse der anderen Spieler, die wenig in Ballhandlungsaktionen eingebunden sind und sich immer weiter vom Mittelpunkt des sportlichen und gemeinschaftlichen Geschehens befinden, zu beobachten.
Das Aufbautraining I ist der Anfang der rugbyspezifischen Spezialisierung: Spezielle Trainingsübungen, eine Stabilisierung der technisch-taktischen Elemente, die Zuordnung zu den beiden Mannschaftsteilen, auch wenn innerhalb dieser die Positionen noch ausgewechselt werden sollte, charakterisieren diese Ausbildungsetappe.
Durch den Ausbau der konditionellen Fähigkeiten, das Stabilisieren der koordinativen Fähigkeiten sowie die Erweiterung der speziellen Technik-Taktikübungen, wird das Leistungsniveau dieser Altersgruppe entwickelt. Die vielseitige allgemeine Ausbildung wird zunehmend durch spezielle Anforderungen abgelöst.

6.3.2 Die sportliche Ausbildung

Das Training bleibt auch in dieser Altersstufe vielseitig und variationsreich, doch werden die Übungsformen durch den größeren Umfang an speziellen Inhalten immer komplexer. Die individuelle Belastbarkeit vergrößert sich durch die beschleunigten Wachstums- und Entwicklungsprozesse, was eine kontrollierte Steigerung der Trainingsbelastungen zur Folge haben soll. Dabei muss die individuelle Entwicklung wegen der großen Unterschiede in diesem Alter besonders beachtet werden.

6.3.2.1 Training der koordinativen Fähigkeiten

In diesem Alter erreichen die meisten der allgemeinen koordinativen Fähigkeiten ihren Höhepunkt. Damit ist eine Stabilisierung auf dem erreichten Niveau das Trainingsziel.
Da die komplexen Bewegungsabläufe im Rugbyspiel jedoch auch sehr hohe spezielle koordinative Leistungsvoraussetzungen erfordern, und diese sich auch noch in den nächsten beiden Altersstufen entwickeln können, sollte das Koordinationstraining noch weiterhin stattfinden und durch verschiedene Variationen in den Bewegungsausführungen sowie durch die situationsbezogene Durchführung von Technikelementen geschult werden.

Methodische Hinweise:
- Die Übungsbeispiele sollen zusätzliche rugbyspezifische Aufgaben enthalten
- Die konditionellen Leistungsvoraussetzungen sollen parallel mit den koordinativen weiterentwickelt werden

Allgemeine Übungsbeispiele:
- Laufvariationen mit dem Rugbyball: Slalomläufe, Side-steps mit gleichzeitiger Handabwehr, Rückwärtsläufe
- Hürdenläufe und Durchkriechen von Bänken mit 1–2 Rugbybällen, Übersteigen und Überspringen von Hindernissen
- Staffeln mit Werfen, Fangen und Kicken (Hoch- oder Weitkicks) von Rugbybällen
- Lauf-, Hüpf- und Sprungkombinationen mit Ballhandlung während der Flugphase

Die Übungen zur Schulung der koordinativen Fähigkeiten lassen sich nicht immer deutlich vom Schnelligkeits- und Schnellkrafttraining trennen. Es ist jedoch wichtig, dass das Training dieser Fähigkeiten keinesfalls im ermüdeten Zustand, etwa am Ende einer Trainingseinheit, durchgeführt werden darf. Lernerfolge auf diesem Gebiet lassen sich nur in relativ frischem und konzentriertem Zustand erzielen.

6.3.2.2 Training der konditionellen Fähigkeiten

Das Ausdauertraining

Der vergrößerte Muskelquerschnitt, die alters- und trainingsbedingte Vergrößerung des Herzvolumens sowie die verbesserte maximale Sauerstoffaufnahme schaffen die Voraussetzungen für ein hocheffizientes Ausdauertraining, wobei der Schwerpunkt immer noch auf die Verbesserung der Grundlagenausdauer fallen sollte.

Da die meisten Spielsequenzen des Rugbys im Bereich der anaerob-alactaziden Energiebereitstellung erfolgen, gewinnt auch das rugbyspezifische Intervalltraining, vor allem über die Kurzzeitintervallmethode (10–40 sec. Belastung, Pause bis der Puls auf 120–130 abfällt), immer mehr an Bedeutung. Bei systematischer Durchführung, durch richtig gewählten Umfang und Intensität der Belastungen, verkürzt sich die Erholungsphase vor der nächsten Belastung immer mehr. Die Wiederherstellung wird beschleunigt, das heißt es findet eine funktionelle Anpassung des Organismus an diese Ausdauerform statt.

Methodische Hinweise:

Obwohl den 13–14-Jährigen sicherlich schon eine gewisse Einsicht in den Trainingsaufbau zugesprochen werden kann, ist es auch in diesem Alter wichtig, ein möglichst abwechslungsreich gestaltetes Ausdauertraining durchzuführen. Der Einbezug von Geländegegebenheiten wie kleine „Hügel“, Treppen und Vergleichbarem kann einer drohenden Monotonie des Ausdauertrainings wirkungsvoll entgegenwirken.

Allgemeine Übungsbeispiele für die Entwicklung der Grundlagenausdauer:

- Dauerlauf mit kontinuierlicher Intensität nach Zeitvorgabe
  10 Minuten Dauerlauf – 5 Minuten Pause – 10 Minuten Dauerlauf – 5 Minuten Pause – 10 Minuten Dauerlauf (Gesamtausdauerbelastung 30 Minuten/Trainingseinheit)
  - Die Belastungen bis 150 – 165 Schläge Puls in der Vorbereitungs- bzw. 165 –180 in der Vorwettkampf- und Wettkampfperiode
  - In den Pausen werden Atem-, Dehn- und Auflockerungsübungen durchgeführt
  - Die Dauer der Belastungen kann mit je 5 Minuten und damit auf 45 Minuten Gesamtausdauerbelastung angehoben werden.
- Dauerlauf mit kontinuierlichem Tempo nach Streckenangabe (4 – 8 km) und Pulsfrequenz (je nach Trainingsperiode, zwischen 150 – 165 oder 165 – 180) Schlägen/Minute
- Dauerlauf mit variablem Tempo über 20 / 30 Minuten
- Fahrtspiel (am besten im Gelände) wobei der Tempowechsel vom Joggen über Tempolauf bis Sprint alle Intensitätsformen erreicht, die

Belastungsdauer sowie die Erholungsphasen jedoch individuell abgestimmt werden müssen.

Das Krafttraining

Die Verbesserung der Spielleistung ist auch auf die Kraftentwicklung in dieser Periode zurückzuführen. Die größeren Kraftfähigkeiten beeinflussen nicht nur die Balleroberung in den Einzel- und Gruppenkämpfen, sondern auch das Selbstbewusstsein, die Selbstsicherheit der Spieler, die sich durch das körperliche Dominieren auf technisch/taktischer Ebene viel leichter durchsetzen können.

Für das Rugbyspiel ist die Maximalkraft die Grundlage für die optimale Entwicklung der Kraftausdauer (bei den Stürmern) und der Schnellkraft (bei den Dreiviertelspielern). Wichtig dabei ist zu wissen, dass die Kraftgewinne der Kinder und Jugendlichen sehr stabil und im Gegensatz zum Erwachsenentraining in den trainingsfreien Perioden nicht rückläufig sind. Durch die vermehrte Freisetzung von Sexualhormonen findet ein physiologisch bedingter Kraftzuwachs statt. Diese Entwicklungsprozesse müssen weiterhin durch Training unterstützt werden, das heißt, alle großen Muskelgruppen sollten vor allem durch ein Muskelaufbautraining ausgebildet werden.

Methodische Hinweise:

- Berücksichtigung des verstärkten Längenwachstums bei der Übungsgestaltung
- Vermeiden der Überlastung der Wirbelsäule
- Der Umfang und die Intensität der Belastungen wird individuell gestaltet und dem biologischen sowie dem Trainingsalter der Jugendlichen angepasst.

Allgemeine Übungsbeispiele:

- Schulung der Kraft durch Partner- und Gruppenkämpfe:
  - Zieh- und Schiebekämpfe
  - Tauziehen

- Schnellkrafttraining durch Einzel- und Mehrfachsprünge:
  - Wechselsprünge
  - Sprunglauf
  - Hockstrecksprünge
  - Sprünge über kniehohe Hindernisse
  - Dreisprung, Fünfsprung, Zehnsprung
  - Schlussweitsprünge

- Schnellkrafttraining mit Zusatzlasten (30–50 % der maximalen Kraft jeder Muskelgruppe):
  - 4–5 Muskelgruppen/TE

- 6–8 Wiederholungen
- 4–6 Serien
- Pause zwischen den Serien 2–4 Minuten
- Durchführungstempo explosiv

– Kraftausdauertraining durch Circuittraining (mittlerer Circuit):
  - 6–8 Stationen, Zusatzlasten je 50–70 % der Maximalkraft
  - 15–20 Wiederholungen, bzw. 15–20 sec. Belastung
  - 4–6 Serien
  - 3–5 Minuten Pause zwischen den Circuits

Das Schnelligkeitstraining

Da die Reaktionsschnelligkeit in dieser Altersstufe Höchstwerte erreicht, die Aktions- und Fortbewegungsschnelligkeit jedoch weiterhin verbesserbar sind, sollten die Trainer sich vor allem auf die Entwicklung der letzten beiden konzentrieren.

Dabei wird die Lauftechnik durch Übungen aus der Laufschule weiterhin verbessert und damit sowohl die Bewegungsfrequenz als auch die Schrittlänge verbessert und ein ökonomischerer Bewegungsablauf erreicht. Zusätzlich sollten Spielformen mit immer mehr rugbyspezifischen Schnelligkeitsanforderungen durchgeführt werden.

Methodische Hinweise:

– Es soll ein schneller Wechsel zwischen den Laufformen stattfinden
– Die Belastungen sind weiterhin kurz, explosiv
– Die Pausen sollen eine vollkommene Wiederherstellung erlauben (neue Belastungen nur in ausgeruhtem Zustand)

Allgemeine Übungsbeispiele:

– Technikübungen:größte Anzahl von Pässen, Kicks oder Tacklings in einer Zeiteinheit (10–30 sec.)
– Staffeln mit und ohne Bälle, Nummernwettläufe,
– Steigerungsläufe (6–8 Wiederholungen über 20–30 m)
– Starts und Sprints über 15–20 m aus verschiedenen Ausgangsstellungen, auch mit schnellem Richtungswechsel (Side-steps).

Das Beweglichkeitstraining

In dieser Entwicklungsstufe nimmt die Gelenkbeweglichkeit wegen der wachstumsbedingt vergrößerten Muskelanspannung ab. Um die Dehnfähigkeit der Muskeln und Bänder nicht zu beeinträchtigen, werden die passiven und aktiven Dehnübungen, von denen viele im Grundlagentraining beschrieben worden sind, weiterhin regelmäßig durchgeführt.

Zu den allgemeinen Beweglichkeitsübungen kommen auch viele spezielle Übungen hinzu, die vor allem die Verletzungsgefahr in den Gruppenkämpfen der Stürmer, aber auch in den Mann-zu-Mann-Situationen der

Dreiviertelspieler reduzieren sollen. Bei den Stürmern ist vor allem eine Verbesserung der Beweglichkeit der Halswirbelsäule und des Schultergelenks wichtig, da es dank mangelnder Technik und Kraft noch relativ oft zu Zusammenbrüchen im angeordneten Gedränge kommt.
In eine ganz spezielle Situation kommen die Hakler im Gedränge, deren Balleroberungsquote nicht nur von der guten Schnellkraft, der Koordination des Bewegungsablaufs und der Unterstützung der Mitspieler, sondern auch von einer großen Beweglichkeit im Schulter- und Hüftbereich abhängig ist.
Auch bei den Dreiviertelspielern gibt es viele spezifische Körper- und Bodenkontaktsituationen - vor allem beim Tackling, welches einen anschließenden Gruppenkampf auslöst - bei denen eine gute Beweglichkeit vor Verletzungen schützen kann.
Die oben genannten ganz speziellen Anforderungen können durch regelmäßiges Training von komplexen rugbyspezifischen Beweglichkeitsübungen abgedeckt werden. Aktive und passive Übungen, wiederholende Dehnungen und Stretching mit Zusatzgewichten oder ohne sollten in ein kontinuierliches, variationsreiches Trainingsprogramm aufgenommen werden.

6.3.2.3 Technische und taktische Ausbildung

Zur weiteren Verbesserung der Grundtechnik bis zur Automatisation und dem Herausbilden technischer Bewegungsstereotypen kommen gruppentechnische Übungen der beiden Mannschaftsteile sowie positionsspezifisches Training hinzu.
Die taktische Komponente steht weiterhin im Vordergrund. Die Durchführung eines technischen Elementes soll nach Beobachtung des gegnerischen Verhaltens zum Freispielen des Mitspielers oder der Raumeroberung stattfinden. Auch fordert die wachsende Geschwindigkeit des Spiels eine immer bessere Antizipation und Vorbereitung der technischen Geste, um gleichzeitig den Gegner zu „binden“ und den Mitspieler in eine Position zu bringen, von der aus der Angriff weiter geführt werden kann.
Bezüglich dem Mannschaftsteiletraining werden die Schwerpunkte bei den Stürmern auf die Balleroberungsphasen gesetzt und damit durch das kollektive taktische Verhalten die ersten Komplexentscheidungen bewältigt:
- Im Gedränge: Formierung, Binden, Hakeln, Schieben, Abspielen
- In der Gasse: Formierung, Einwerfen, Fangen, Unterstützen, Abspielen
- Im offenen Gedränge und im Paket: Aufbau, Körperposition, Ballsicherung, Abspielen

Die Aktionen der Stürmer werden nach der Balleroberungsphase nicht unterbrochen, sondern in Angriffsketten fortgesetzt, wobei sie innerhalb eines Mehrphasenspiels direkt nach vorne gehen, oder die Aktionen der Dreiviertelreihe unterstützen.
Währenddessen wird die Dreiviertelreihe sich mehr auf die Ballnutzung konzentrieren und Angriffe in verschiedenen Angriffszonen auslösen: Die Spielzüge finden in der Nähe der Stürmer statt, in der Mittelzone oder in der Nähe der Außenlinie. Wichtig dabei ist es, den Spielern das Verständnis für das schnelle Kreuzen der Vorteilslinie bewusst zu machen.
Es werden weiterhin Überzahl- und Gleichzahlsituationen gelöst, die Kontinuität der Spielhandlungen wächst und damit auch die Komplexität des individuellen und gruppentaktischen Angriffs- und Verteidigungsverhaltens: Nach der Wahrnehmung und der Situationsanalyse wird eine schnelle Entscheidung und Durchführung erwartet.

Übungsbeispiele:

- Rugbyspiele 2 x 2, 3 x 3, 4 x 4 auf kleinem Feld (z.B. im 22 m-Bereich) mit vereinfachten Regeln:
  - Der Ballträger darf nur nach dem Körperkontakt mit dem Gegner passen
  - Die Verteidiger sollen tiefhalten, dürfen den Ball jedoch nicht erobern
  - Ein Versuch kann nur dann gelegt werden, wenn der Ballträger vorher ein Tackling durchbricht
  - Die Gegner bekommen den Ball nur nach gelegtem Versuch oder nach einem Vorfall.
- Passübungen mit Freilaufen des Mitspielers und Lösen aus der Manndeckungssituation
- Im Zusammenspiel des Sturms mit der Dreiviertelreihe: Angriffe mit Abwechslung des engen Durchbruchspiels mit Passangriffen und Kickspiel.
- Lösen von Überzahlsituationen 2 x 1 und 3 x 2

6.3.2.4 Theoretische Vorbereitung

Durch die größere Spieleranzahl in einer Mannschaft die vermehrt an Gruppenkämpfen teilnehmen, erfordert das immer komplexere Spiel auch eine Erweiterung der Regelkenntnisse.
Sie müssen wissen, dass sie nach der Balleroberung nach vorne gehen müssen, um den Ballträger zu unterstützen und dadurch die Kontinuität der Spielhandlungen zu sichern, Druck auf die Gegner auszuüben und das Punkteerzielen zu ermöglichen. Damit werden die Jugendlichen tiefer mit den Grundsätzen des Rugbyspiels vertraut. Mehr noch, die Vor-

und Nachteile jeder der drei Angriffsformen (enges Durchbruchspiel, Passangriff bzw. Kickspiel) müssen verstanden werden. Dann können die Verteidiger in schwache Positionen gebracht werden. Das heißt, entweder werden durch das Durchbruchspiel eine großen Anzahl von Spielern auf eine kleine Fläche gebracht, oder durch den Passangriff die Verteidigung so „gedehnt“, dass große Lücken entstehen, durch die der Ballträger dann laufen kann.

6.3.2.5 Anforderungen im psycho-sozialen Bereich

Eine häufige Frage ist: „Wie motiviere ich meine Spieler?“. Grundsätzlich sollte das Spiel selbst die Jugendlichen motivieren. Korrekt gestellt würde die Frage dann lauten: „Was mache ich als Trainer falsch, wenn die Motivation meiner Spieler sinkt?“

Antworten auf diese Fragen können sein:
- Das Training abwechslungsreich, interessant, spielnah gestalten.
- Die Ziele anspruchsvoll, jedoch individuell setzen, und ihr Erreichen kontrollieren.
- Den Spielern genau sagen, welches ihre Stärken und Schwächen sind und wie sie sich verbessern können, um ihre Ziele zu erreichen.

Man sollte nicht vergessen, dass motivierte Spieler mit einem hohen Anspruchsniveau auch viel besser belastbar sind als andere.
Um aber den Umfang und die Intensität des Trainings anzuheben, muss die Konzentrationsfähigkeit hohe Werte erreichen, was nur über eine aktive Teilnahme am Training möglich ist.
Die Aggressivität muss auch weiterhin kontrolliert und in die richtigen Bahnen gelenkt werden, um Verletzungen der Gegner zu vermeiden.

6.3.2.6 Spielregeln der Schüler A

In dieser Altersklasse wächst die Anzahl der Spieler auf 12 und es wird nach folgenden Regeln gespielt:

1. ***Spielfeld:*** in Längsrichtung von der Mallinie bis zur entfernteren 22-m-Linie, seitlich begrenzt durch die beiden 5-m-Linien. Abmessung: 55 x 88 m.

2. ***Spielzeit:*** 2 x 20 Minuten / 90 Minuten.

3. ***Spielbeginn:*** Es gelten die gleichen Regeln wie bei den Schüler B. Die gegnerische Mannschaft muss beim Antritt 10 m vom Antrittspunkt entfernt sein. Bei jedem Antritt muss der Ball diese gedachte 10-m-Linie überqueren.

4. ***Arten der Erfolge:*** Für den Versuch gelten die gleichen Regeln wie bei den Schülern B, C und D. Soweit ohne zusätzlichen technischen Aufwand möglich, sollen Versuche bei den Schülern A erhöht werden. Ein Treffer nach einem Versuch (Erhöhung) zählt 2 Punkte. Wenn eine Mannschaft einen Versuch erzielt hat, hat sie das Recht, einen Platz- oder Sprungtritt nach den Malstangen auszuführen, und zwar auf einer Linie durch die Stelle, an der Versuch erzielt worden ist. *(s. Abb. 17)*

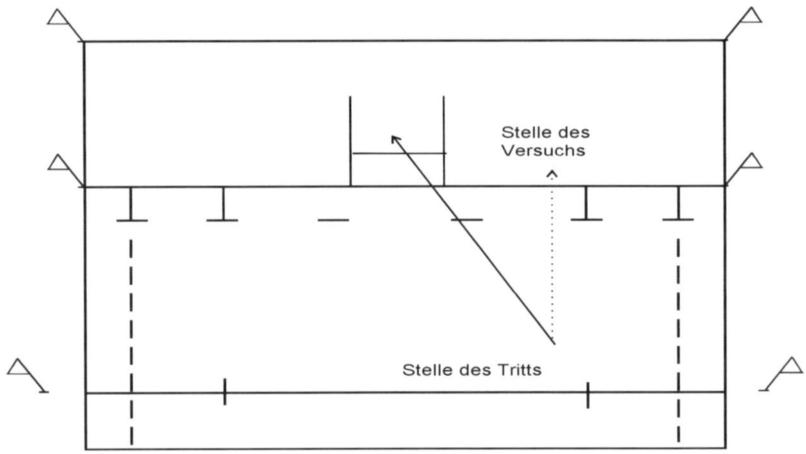

Abb. 17: Stelle des Tritts zur Erhöhung nach einem Versuch

5. ***Straftritt:*** Ein Straftritt wird als kurzer Antritt ausgeführt. Die gegnerische Mannschaft muss einen Abstand von mindestens 10 m einhalten.

6. ***Gedränge:*** Bei den Schülern A wird ein Gedränge mit 5 Spielern durchgeführt, drei in der ersten Reihe und zwei in der zweiten Reihe. Der mittlere Spieler in jeder ersten Reihe ist der Hakler, die Spieler beiderseits von ihm sind die Außenstürmer. Die beiden anderen Spieler sind Zweite-Reihe-Stürmer. Das Fünf-Mann-Gedränge ist ein aktives Gedränge. *(s. Abb. 18)*
Sollte einer der fünf Spieler der ersten oder zweiten Reihe nicht verfügbar, verletzt oder vom Platz gestellt sein, so ordnet der Schiedsrichter im weiteren Spielverlauf nur noch passives Gedränge an. Die nicht für den Regelverstoß verantwortliche Mannschaft wirft den Ball in das Gedränge ein. Der Gedrängehalb der einwerfenden Mannschaft muss sich sofort nach dem Einwurf-, der Gedrängehalb der nicht einwerfenden Mannschaft und seine Mitspieler müssen sich bei Bildung

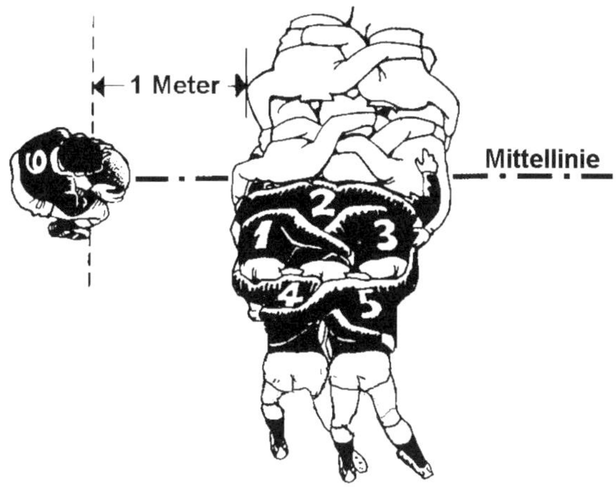

Abb. 18: Einwurfsposition des Gedrängehalbs beim 5er Gedränge

des Gedränges hinter den hintersten Fuß ihrer am Gedränge teilnehmenden Stürmer begeben. Die Mannschaft, welche den Ball nicht erobert hat, darf erst dann zur Verteidigung anlaufen, wenn der gegnerische Gedrängehalb den Ball aufgenommen hat.
Strafe: Ein Regelverstoß wird mit einem Straftritt geahndet.

7. ***Gasse:*** Eine Gasse wird von 2 bis 4 Spielern jeder Mannschaft gebildet. Die einwerfende Mannschaft bestimmt die Anzahl der Spieler in der Gasse. Bis der Ball eingeworfen wird, muss jeder Spieler in der Gasse wenigstens 1 m Abstand vom nächsten Spieler haben. Spieler beider Mannschaften, die nicht an der Gasse teilnehmen, müssen sich 10 m hinter der Gassenlinie aufstellen. *(s. Abb. 19, S. 96)*

8. ***Fußspiel:*** Das Spiel mit dem Fuß ist bei den Schülern A generell erlaubt. In der eigenen Verteidigungszone, die von der eigenen Mallinie bis zu einer Linie 10 m vor der eigenen Mallinie reicht, ist ein Freifang möglich. Hierfür gelten die gleichen Regeln wie bei den Schülern B.

9. ***Foulspiel:*** Es gilt die Regel 26 des Rugbyspiels.

10. ***Der Ball:*** Bei den Schülern A wird mit Bällen der Größe Nr. 5 gespielt.

11. ***Spielkleidung:*** Es gelten die gleichen Regeln wie bei den Schülern B.

12. ***Halten:*** Es gilt die Regel 18 des Rugbyspiels.

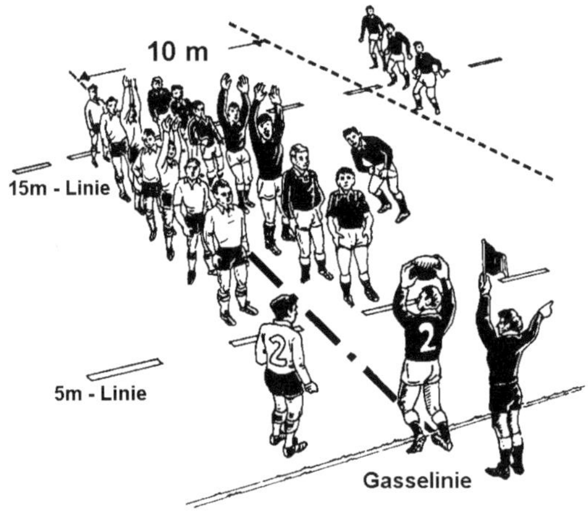

Abb. 19: Aufstellung der Spieler in einer Gasse aus je 7 Stürmern

13. ***Abseits:*** Im offenen Spiel ist ein Spieler in Abseitsposition, wenn er sich vor dem Ball aufhält, den ein anderer Spieler seiner Mannschaft zuletzt gespielt hat und wenn er ins Spiel eingreift, wenn er sich bei einem Kick vor dem tretenden Spieler seiner eigenen Mannschaft aufhält oder wenn er sich bei einem offenen Gedränge oder Paket vor dem hintersten Fuß eines Spielers seiner eigenen Mannschaft aufhält.
Für das Abseits am Gedränge, der Gasse, dem offenen Gedränge und Paket gelten die Regeln des Rugbyspiels.

14. ***Anzahl der Spieler:*** 12. Es dürfen vier Spieler ausgewechselt werden.

15. ***Mannschaftsaufstellung:*** Eine Mannschaft besteht aus 12 Spielern, die folgende Rückennummern tragen sollen:
1 – Außenstürmer links, 2 – Hakler, 3 – Außenstürmer rechts, 4 – Zweite-Reihe-Stürmer links, 5 – Zweite-Reihe-Stürmer rechts, 9 – Gedrängehalb, 10 – Verbinder, 11 – Außendreiviertel links, 12 – Innendreiviertel, 13 – Innendreiviertel, 14 – Außendreiviertel rechts, 15 – Schlussmann.

6.3.2.7 Beispiele für Trainingseinheiten

I.

Trainingsteil	Ziele	Organisation
15' Aufwärmen	Herz-Kreislauf-Aktivierung	– Leichtes Joggen und Passen in 2er-, 3er- und 4er Gruppen – Partnerübungen ohne Ball: Zieh- und Schiebekämpfe
	Vorbereitung auf Training von Gruppenkämpfen (offene Gedränge, Paket, Gasse, Gedränge)	– Spiel „Schwarze Männer": Eine erste Gruppe („Schwarzen Männer") bewacht die eigene Mallinie. Die anderen Spieler müssen versuchen, ungetacklet über diese Linie zu gelangen. Es gibt 2 Durchgänge. Wird ein Spieler von den Schwarzen Männern getacklet, so scheidet er aus, wird also *nicht* seinerseits zu einem Schwarzen Mann. Die Anzahl der insgesamt getackleten Spieler entscheidet über den Gewinner. Jede Gruppe stellt einmal (für 2 Durchgänge) die Schwarzen Männer. 1:1 und 3:3 Schiebeübungen über 10 m, zurück Gehen, dann die Rollen wechseln. 4–5 Wiederholungen.
60' Hauptteil	Formierung, Einwerfen und Abspielen des Balles aus statischen- (Gasse und Gedränge) und dynamischen Gruppenkämpfen	in 5er Gruppen, zuerst ohne Opposition, dann mit halbaktiver Opposition (die Gegner dürfen den Ballträger halten – nicht auf den Boden bringen – und nicht den Ball erobern oder das Abspielen verhindern). Die Hintermannschaftsspieler sind genauso wie die Stürmer an diesen Übungen beteiligt!
	Spiel 20'	nach den für diese Altersgruppe geltenden Regeln
	Verbesserung der Grundlagenausdauer durch Fahrtspiel	z.B. 5'Jogging - 3'Tempolauf (75 %) – 50 m Sprint - 5'Jogging – 100 m Sprint – 5'Tempolauf (75 %) – 50 m Sprint –

	(Tempowechsellauf)	2'Jogging. Die Belastungsdauer sowie die Erholungsphasen durch Jogging werden für jede Kleingruppe abgestimmt.
10'Abschluss	Atem-, Dehn- und Auflockerungsübungen	Auslaufen, alle 2' für Atem-, Dehn- und Auflockerungsübungen unterbrechen

Trainingsteil	Ziele	Organisation
II.		
20' Aufwärmen	Psycho-physiologische Vorbereitung für das nachfolgende Training	– Ballbehandlung in 2er-, 3er- und 4er-Gruppen (Passen-Annehmen, Kicken-Fangen, Ball vom Boden aufnehmen, Jonglieren mit dem Ball in einer Zeiteinheit) – Spiel „OK“ – Rugby
60' Hauptteil	Verbesserung des Hintermannschaftsspiels aus Standardsituationen	

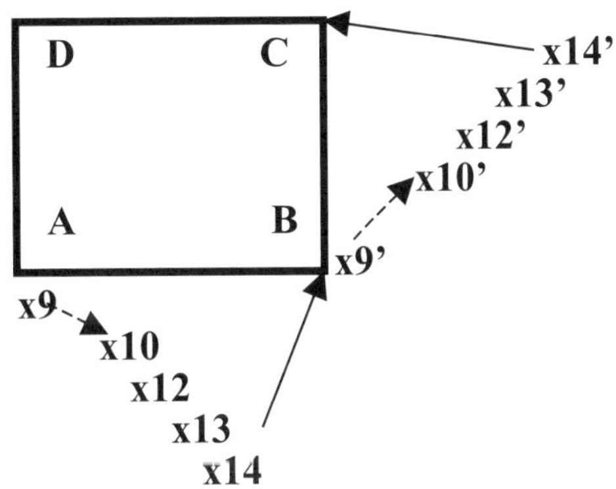

Zwei Hintermannschaftsformationen (in A und B) stellen sich wie oben auf, je 1 Ball befindet sich in Punkt „A“ und „B“. Von dort werden sie entlang der beiden Dreiviertelreihen bis zum letzten Spieler gepasst, die ihn in Punkt „B“ , bzw. „C“ ablegen.
Dann folgt eine blitzschnelle Aufstellung der beiden Reihen auf den nächsten Seiten des Quadrats (dessen Seite ca. 20m ist) und der Ball wird wieder entlang der Linie abgespielt, bis der letzte Spieler ihn in „D“ ablegt.
Es werden 2-3-4 Runden gespielt.
Dann können auch Positionen gewechselt und Spielzüge geübt werden.

		– Angriffe einer Dreiviertellinie gegen eine halbaktiv anlaufende Verteidigung: 1. Das Spiel **vor** der Verteidigung (Verhalten des Ballträgers - des Spielmachers – der „Köderspieler“) 2. Das Spiel **in** der Verteidigung (Verhalten des Durchbruchspielers) 3. Das Spiel **hinter** der Verteidigung (Verhalten des Ballträgers und der Unterstützer nach dem Durchbruch bis zum Ablegen des Balles) Die Stürmer nehmen ebenso wie die Dreiviertelspieler an diesen Übungen teil!
	Verbesserung einer konditionellen Fähigkeit – eine Schnelligkeitsform oder – eine Kraftfähigkeit	s. Konditionelle Fähigkeiten: Schnelligkeits-training s. Konditionelle Fähigkeiten: Verbesserung der Kraftausdauer durch Circuittraining
10’ Abschluss	Auswertung der Trainings-/ Unterrichtseinheit	Unterrichtseinheit Joggen/Atem- und Dehnübungen

6.4 Aufbautraining II (Förderstufe 4, 15–16-Jährige)

6.4.1 Die Zielsetzung des Aufbautrainings II

Während die rugbyspezifische Leistungsfähigkeit in dieser Entwicklungsphase vor allem durch progressive Intensitätssteigerung aufgebaut wird, beginnt sich die allgemeine Kondition zu stabilisieren. Der Schwerpunkt fällt dabei vor allem auf die Kombinationen der verschiedenen konditionellen Elemente, wie Schnellkraft, Kraftausdauer oder Schnelligkeitsausdauer.
Wenn es in der vorherigen Trainingsetappe vor allem um das Erlernen der Positionstechnik ging, findet jetzt die Spezialisierung auf den einzelnen Positionen statt. Nur noch selten wechseln die Spieler von einer Position zur anderen. Ihre psychosomatische Entwicklung lässt schon relativ genaue Prognosen für ihre Eignung und Einordnung zu. Somit kann auch eine individuelle Trainingsplanung vorgenommen werden, die jetzt die Weiterentwicklung der leistungsspezifischen Merkmale innerhalb der beiden Mannschaftsteile berücksichtigen soll.
Koordinativ schwierige Technikelemente werden gefestigt und die individual- vor allem aber gruppentaktischen Handlungen unter wettkampfnahen Bedingungen trainiert.
Auch bei den hohen Trainingsanforderungen darf das Training nicht zu Einseitigkeit und Überlastung führen. Dies würde die in dieser Altersgruppe sozial bedingt ohnehin relativ hohen Abgangsraten aus dem Leistungssport noch vergrößern.

6.4.2 Die sportliche Ausbildung

6.4.2.1 Training der koordinativen Fähigkeiten

Da das ausgeprägte Wachstum in dieser Altersstufe die Gewandtheit negativ beeinflussen kann und die Bewegungsabläufe in ihrer Feinkoordination leiden, soll das gezielte Koordinationstraining unbedingt fortgesetzt werden. Vor allem das Ballgefühl, die räumliche Orientierungsfähigkeit sowie die Reaktionsfähigkeit werden weiterhin durch komplexe, vor allem rugbyspezifische Übungsverbindungen mit dem Ball geschult.

Allgemeine Übungsbeispiele:
- Verbindung rugbyspezifischer Technikelemente mit Laufvarianten, Sprüngen, Drehungen, Rollen
- Passen, Fangen, Kicken von mehreren nacheinander zugeworfenen Bällen bei hoher Handlungsschnelligkeit

- Partnerübungen und Gruppenübungen auf kleinen Spieloberflächen mit schneller Ballhandlung und gegnerischem Druck
- Positionsspezifisches koordinatives Training, wie:
  - Schnelles Einwerfen von nacheinander folgenden Bällen in die Gasse, je ein Fänger muss hochspringen, sich in der Luft um 90° drehen und in einer Bewegung den Ball einem Mitspieler abspielen
  - Der Hakler steht in einer Schiebeposition an eine der Goalstangen gelehnt, während ihm ein Mitspieler nacheinander und in schneller Reihenfolge mehrere Bälle zum Hakeln einwirft
  - Neben dem Gedrängehalb liegen 5–6 Rugbybälle, und im Umkreis von 8–10 m stehen 3–4 Mitspieler: schnelles Zuspielen (Flugpässe bevorzugen) an die Mitspieler, diese rollen die Bälle zum Gedrängehalb zurück

6.4.2.2 Training der konditionellen Fähigkeiten

Das Ausdauertraining
Durch die Vergrößerung des Herzvolumens, die gesteigerte Sauerstoffaufnahme sowie die geringere Herz- und Atemfrequenz im Ruhezustand sind optimale Bedingungen für eine weitere Verbesserung der Ausdauerleistung geschaffen. Da die Jugendlichen nun voll belastbar sind, wird weiterhin die Entwicklung der Grundlagenausdauer gefördert, aber auch in erhöhtem Maß die rugbyspezifische Ausdauer in Form von Schnelligkeits- und Kraftausdauer trainiert.

Methodische Hinweise:
Das Training muss abwechslungsreich sein, aber es sollte mit einer strengen Konstanz trainiert werden. Das Verständnis für die Trainingsstruktur nimmt zu, es kann verstärkt in Eigenverantwortung geübt werden, da das Anspruchsniveau und die Leistungsmotivation stärker werden.

Allgemeine Übungsbeispiele:
- Dauerläufe mit kontinuierlicher Intensität von 15–40 Minuten
- Tempowechselläufe
- Fahrtspiele
- Intensive Kurzzeitintervalläufe, über 100–200 m mit Belastungen von 80–90 % der Leistungsfähigkeit (Herzfrequenz 170–180) und Pausen mit Pulsabfall bis zu 120–130 Schlägen/Minute, 10–12 Wiederholungen
- Extensive Mittelzeitintervalläufe: 10–12 Wiederholungen über 400 m, mit 60–80 % Intensität und Pausen 1–3 Minuten bis der Puls auf 120–130 fällt,
- Kreis- oder Stationstraining

Das Krafttraining
Da in dieser Altersstufe mit dem Kraftausdauer- aber auch mit dem Maximalkrafttraining begonnen werden kann, ist eine fachmännische Überwachung der Trainierenden erforderlich. Eine zu hohe Wirbelsäulenbelastung muss weiterhin vermieden werden, eine gute Technik in der Durchführung ist erforderlich, um spätere Sportschäden
zu vermeiden

Methodische Hinweise:
- Parallel mit dem Krafttraining sollten Stabilisierungsübungen zur Vorbeugung von sportartspezifischen Haltungsfehlern durchgeführt werden
- Nur technisch korrekte Bewegungsausführung zulassen
- Die Belastungen sollen kontinuierlich gesteigert und dem aktuellen Kraftniveau angepasst werden. Dabei muss beachtet werden, dass das Krafttraining mindestens einmal in der Woche durchgeführt werden muss, um die Kraft zu erhalten, und mindestens zweimal, um sie zu entwickeln.

Allgemeine Übungsbeispiele:
- Muskelaufbautraining (in der Vorbereitungsperiode):
  3–5 Muskelgruppen/Trainingseinheit
  40–60 % der Maximalkraft
  8–12 Wiederholungen
  5–6 Serien
  3–5 Minuten Pause zwischen den Serien

- Entwicklung der Kraftausdauer durch Circuittraining (in der Vorbereitungs- und Wettkampfperiode):
  6–9 Übungen für Arme, Schultergürtel, Brust, Rücken, Oberschenkel, Waden, Fußgelenke je 15–20 Wiederholungen
  50–70 % der Maximalkraft für jede Muskelgruppe
  1–3 Minuten Pause zwischen den Serien
  3–4 Circuits/Trainingseinheit

- Maximalkrafttraining (gegen Ende der Vorbereitungs- und in der Wettkampfperiode):
  3–5 Muskelgruppen/Trainingseinheit
  90–100 % der Maximalkraft
  1 Wiederholung bei 100 %, bzw. 2–3 Wiederholungen bei 90 %
  2–3 Serien
  3–5 Minuten Pause zwischen den Serien

- Schnellkrafttraining (Schwerpunktmäßig am Ende der Vorbereitungs- und in der Wettkampfperiode):
  5–6 Muskelgruppen/Trainingseinheit
  8–10 Wiederholungen im explosiven Durchführungstempo
  30–50 % der Maximalkraft
  3–5 Minuten Pause zwischen den Serien

- Reaktivkrafttraining (vor allem in der Wettkampfperiode):
  mit dem eigenen Körpergewicht, möglichst kurze Bodenberührung
  8–10 Wiederholungen von:
  - Sprunglauf
  - Strecksprünge auf einen Kasten und Niedersprung
  - Springen und die Knie zur Brust ziehen
  - Wechselsprünge
  - Treppensprünge Ein- und Beidbeinig
  - Ausfallsprünge vorwärts-seitwärts („skaten“) und rückwärts-seitwärts
  - Einbeinsprünge (Doppeleinbeinsprünge)
  - Sprünge von und auf Hindernisse

  5–6 Serien
  2–3 Minuten Pause zwischen den Serien

Es sollte ein Minimum von 2 Trainingseinheiten/Woche (bis zu 90 Minuten) vorgenommen werden.

Das Schnelligkeitstraining
Besondere Aufmerksamkeit muss der Entwicklung der Schnelligkeit geschenkt werden. Im engen Zusammenhang mit dem deutlichen Kraftzuwachs vor allem bei der Maximal- und der Schnellkraft kann die Fortbewegungsschnelligkeit am Ende dieser Periode ihr Maximum erreichen.

Durch die große Anzahl von Kollisionen mit den Gegnern, durch die Notwendigkeit wiederholt auf kurzen Distanzen maximal beschleunigen zu können, ist Rugby ein Sportspiel in dem die Schnelligkeit mit einer großen Kraftanforderung verbunden ist.

Methodische Hinweise:
- Die Übungen werden mit maximaler Intensität durchgeführt
- Die Pausen zwischen den Wiederholungen sollen eine vollständige Erholung erlauben
- Das Schnelligkeitstraining findet nach einer ausreichenden Aufwärmung am Anfang des Hauptteils statt

Allgemeine Übungsbeispiele:

- Für die Verbesserung der Beschleunigungsfähigkeit
  - 30–50 m Strecke
  - 4–6 Wiederholungen
  - 3–5 Serien
  - 2–3 Minuten Pause zwischen den Wiederholungen

- Steigerungsläufe mit kontinuierlich ansteigendem Tempo über 40 – 60 m (z.B. 20 m Traben – 20 m Tempolauf – 20 m Sprint)
- Übungen aus der Laufschule (z.B. Ballenlauf, Kniehebelauf, Skipping, Anfersen usw.) mit Übergang in Tempolauf und Sprint
- Schnellkraft- und Reaktivkrafttraining (s. Krafttraining)
- Sprints aus unterschiedlichsten Ausgangssituationen über 5–10m
- Für die Verbesserung der Aktionsschnelligkeit sollten die Technikbewegungen in maximaler Bewegungsgeschwindigkeit durchgeführt werden (Passen, Kicken, Tacklen, sowie Komplexübungen). Um zusätzlichen Druck zu schaffen, werden zuerst halbaktive, dann aktive Gegner auf den Ballträger anlaufen lassen.

Gleichzeitig sollte auch das Schnelligkeitsausdauertraining durchgeführt werden. Vor allem die rugbyspezifischen, sich über die Spieldauer von 80 Minuten streckenden wiederholten Höchstbelastungen über 10 – 20 m sollen die anaerob-alactazide Energiebereitstellung verbessern, in den aktiv gestalteten aber immer kürzer werdenden Pausen soll nach und nach eine schnellere und bessere Regeneration stattfinden.

Das Beweglichkeitstraining

Das Beweglichkeitstraining zielt in dieser Altersgruppe auf die Erhaltung einer optimalen allgemeinen sowie die Verbesserung der speziellen-, vor allem aber positionsspezifischen Beweglichkeit. Erforderlich sind dabei nicht nur Dehnübungen im Aufwärmprogramm, sondern auch in den kurzen Pausen zwischen besonders hohen Belastungen. Bedingt durch den zunehmend größeren Umfang, den das Krafttraining innerhalb der Trainingseinheiten einnimmt, kann die Dehnfähigkeit der Muskeln schnell abnehmen. Um das zu verhindern und Sportverletzungen vorzubeugen, müssen Stretching und gymnastische Übungen über das ganze Jahr verteilt ins regelmäßige Trainingsprogramm aufgenommen werden.

Methodische Hinweise:

- Wiederholende Dehnungen (20–25 Wiederholungen in einer Serie) sollen in Abwechslung mit Dauerdehnungen durchgeführt werden.
- Die Dauerdehnung langsam und kontrolliert über längere Zeit (15–20 sec.) aufrechterhalten den Schmerzbereich dabei vermeiden.
- Bei Dehnübungen mit dem Partner soll dieser die jeweilige Dehnspannung vorsichtig vergrößern.

Durch die regelmäßige Durchführung der in den vorherigen Trainingsetappen eingeführten aktiven und passiven Übungsgruppen wird die Belastungstoleranz der einzelnen Muskelgruppen erhöht, ihre Kraftfähigkeit im gedehnten Zustand vergrößert, aber auch die Regenerationszeit nach eingetretenen Verletzungen verkürzt.

6.4.2.3 Technische und taktische Ausbildung

Die Einzelelemente werden nun nicht mehr isoliert trainiert, sondern in die Mannschaftsteile als immer komplexere und koordinativ anspruchsvollere Technikelemente eingebaut. Die Jugendlichen spezialisieren sich zunehmend auf eine Position, auf der sie die positionsspezifischen Aufgaben mit den gruppentaktischen in Einklang bringen müssen, um ihre und die Leistung der Mitspieler zu vergrößern.
Während sich die individualtechnisch-taktischen Elemente stabilisieren, wird den Gruppentechniken immer größere Bedeutung zugemessen. Die Stürmer werden sich dabei in gleichem Maß auf die Balleroberung in Standardsituationen und am Kontaktpunkt, wie auch auf die Ballnutzung und das Punkteerzielen im offenen Spiel konzentrieren. Gleichzeitig werden die Dreiviertelspieler ihr individuelles sowie kollektives Angriffs- und Verteidigungsverhalten in wettkampfnahen Bedingungen stabilisieren. Unter dem vergrößerten Druck muss die Handlungsschnelligkeit wachsen und situationsgerechte Lösungen spontan gefunden werden. Es müssen somit immer komplexere, wettkampfnahe Übungsformen einbezogen werden. Die Stabilisierung der Grund- und Positionselemente wird fortgesetzt.
Folgende gruppentechnische Elemente sollten spielbezogen trainiert werden:

Stürmer:
Gedränge: Biomechanik, Gewicht- und Kraftübertragung
Gasse: Einwerfen und Abschirmen des Fängers mit maximalem Druck der Mitspieler in der Fangzone, bzw. schnelles Abspielen zur Hintermannschaft. Aufstellungsvarianten mit 2–3–4–5 Teilnehmer.
Mittellinie- und 22 m-Antritt: Balleroberung nach Treten des Balles in die vordere, mittlere und hintere Zone
Offenes Gedränge und Paket: Aktionsweise des ersten Spielers (Balleroberer), des zweiten (Ballsicherer) und der nächsten Teilnehmer bis zur Ball-Lieferung und Fortsetzung des Angriffs

Verteidigungsmöglichkeiten in Standardsituationen

Dreiviertelreihe:
- Im Angriff: Aufstellung, Laufliniern und Durchbruch in der Nähe der Stürmer, in der Mittelzone, bzw. in der Zone des Eckdreiviertels

- In der Verteidigung: Individuelles Abwehrverhalten in Gleichzahlsituationen (1 x 1); Individuelles Abwehrverhalten in Unterzahlsituationen (1 x 2); Gruppentaktisches Abwehrverhalten innerhalb eines Verteidigungssystems aus Standardsituationen

Zusammenspiel der Stürmer mit der Dreiviertelreihe:

- Angriffsketten ausgehend aus Standardsituationen über 3 - 4 reelle oder simulierte Kontaktpunkte mit Verlagerung des Spiels in verschiedene Angriffszonen
- Verteidigung in Kooperation Dreiviertelreihe mit der III Sturmreihe
- Gegenangriff ausgehend von der Dreiviertelreihe mit Ballübernahme durch die Stürmer

Folgende Kontakt- und Kollisionsübungen sollten auch in dieser Etappe durchgeführt werden, und beziehen sich sowohl auf das individuelle, wie auch auf das kollektive Durchbruchsvermögen:

1. 4:4: Die Angreifer (X1–X4) stellen sich wie eine Dreiviertelreihe aufgestaffelt in einer versetzten Reihe auf, der Ball wird kurz vor der Markierung (M) von einem Spieler zum anderen gepasst, die Spieler umlaufen nun diese Markierung, um dann nach jeweiligem Kontakt mit den Verteidigern (O1–OS) den Ball wieder zu passen, beim letzten Verteidiger wird ein offenes Gedränge ausgelöst. Dann werden die Rollen gewechselt und die Übung wiederholt: *(s. Abb. 20)*

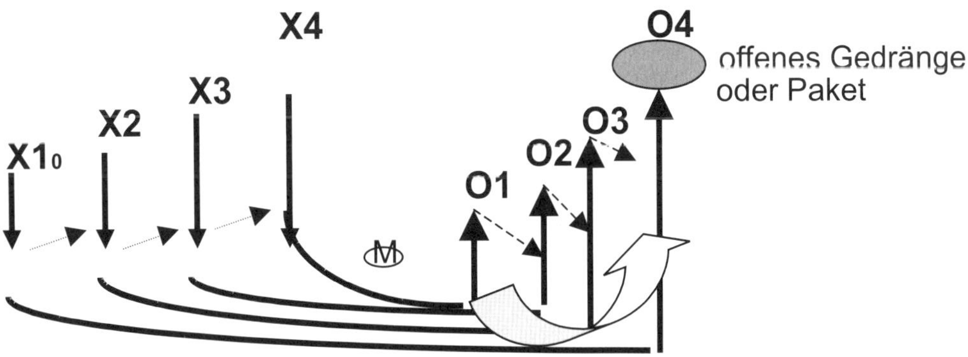

Abb. 20: Komplexübung zum Passen, Kontaktpassen und offenem Gedränge

2. 4:(4+4) Eine aus 4 Spielern gebildete Angreifergruppe (X1-X4) übt abwechselnd offene Gedränge und Paket („Rolling-Mauls" sowie vorwärtsgehendes Paket) an 2 Verteidigungsgruppen (O1–O4 und O5–O8), die sich nach jeder Verteidigungsaktion auf eine neue Position zurückziehen. Das gibt den Angreifern die Möglichkeit, über die volle Spielfeldlänge 10 – 12 dynamische Gruppenkämpfe durchzuführen. Um den Spielfluss nicht zu unterbrechen, sollen die Verteidiger, wie in den meisten dieser Übungen, den Ball nicht erobern. An der gegenüberliegenden Mallinie angekommen, werden die Rollen nach 2–3 Minuten Pause gewechselt:

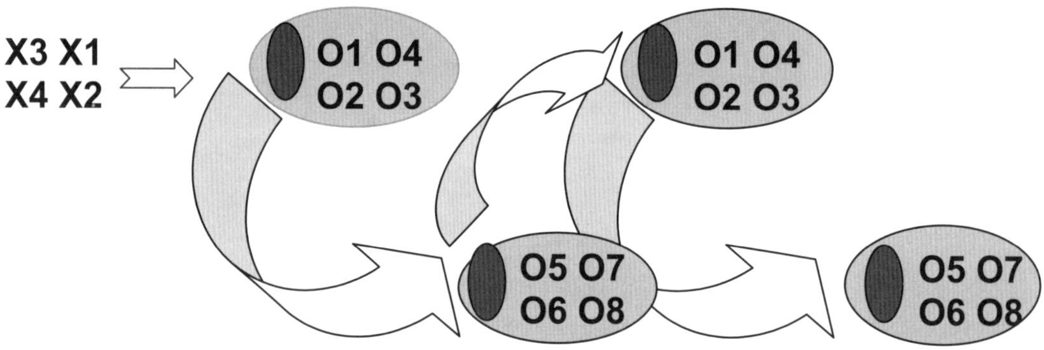

Abb. 21: Übung für das Paket und das offene Gedränge

3. 5:5, 6:6, 7:7, 8:8, mit je einem Gedrängehalb: Ziel der Übung ist es, den Aufbau und die Abspielmöglichkeiten nach einem offenen Gedränge zu verbessern. Es ergeben sich folgende taktische Varianten:

- Jeder Ballträger nimmt Körperkontakt mit dem ersten Verteidiger auf, geht auf den Boden und legt den Ball ab; Die Mitspieler gehen geschlossen über den am Boden liegenden, der Gedrängehalb nimmt den Ball auf und setzt den Angriff fort
- Nachdem der erste Ballträger von seinem Gegenüber getacklet wurde, nimmt der nächste Mitspieler den Ball auf, wird getacklet, legt den Ball ab, der nächste greift seinerseits an usw.
- Der Ballträger wird vom ersten Verteidiger getacklet und legt den Ball ab. Der erste Mitspieler steigt über den am Boden Liegenden, nimmt den Ball auf und passt ihn dem nächsten angreifenden Mitspieler zu.
- Der Ballträger geht nach dem Tackling auf den Boden, die erste Angriffswelle (3–4 Spieler, X1–X4) geht geschlossen über den Ball (I.), der Gedrängehalb nimmt ihn auf und passt ihn der zweiten Welle zu (2–3 Spieler, X5–X7), die neben dem offenen Gedränge einen zweiten Durchbruch versuchen.

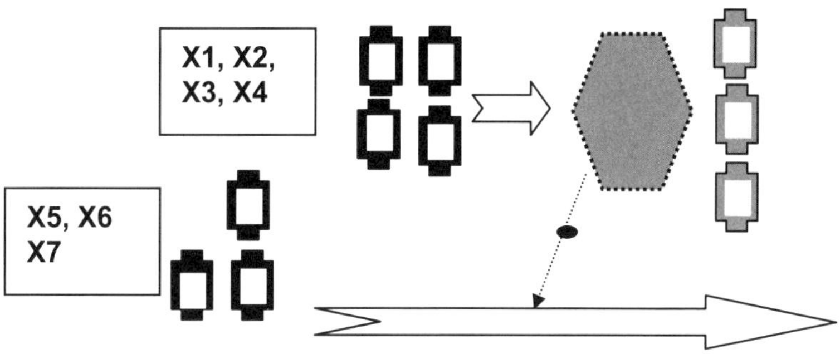

Abb. 22: Übung zur 1. und 2. Angriffswelle für die Stürmer

- Nach dem ersten Körperkontakt wird ein offenes Gedränge ausgelöst, der Angriff entwickelt sich weiter bis zum nächsten Kontakt, wo ein nach vorwärts gehendes Paket stattfindet, sich dreht und durch ein rollendes Maul fortgesetzt wird, um dann durch Kontakt-Passen weiteren Raum zu gewinnen

4. 3–4 Stürmer + 2–4 Dreiviertelspieler gegen eben so viele Gegner: Angriffsketten innerhalb derer jeder Spieler nur nach Schulterkontakt mit einem Gegner passen darf. Es wird, je nach konditionellen Zielen von der einen Mallinie bis zur Mittel- oder gegenüberliegenden Mallinie gespielt. Jedes Mal wenn der Ball zur Hintermannschaft abgespielt wurde, müssen die Stürmer die kürzesten Laufwege zu deren Unterstützung finden, um den Ball schnell zu übernehmen und den Angriff durch 1–2 aufeinanderfolgende offene Gedränge fortzusetzen. Dann wird der Ball wieder abgespielt und die Angriffskette bis zum Legen eines Versuches fortgesetzt. Anschließend werden die Rollen getauscht.
(s. Abb. 23, S. 110)

Die **taktische Ausbildung** setzt ein hohes Technik- und Konditionsniveau voraus aber auch theoretische Kenntnisse betreffend der freien Räume, den Möglichkeiten die Vorteilslinie zu kreuzen, den Vor- und Nachteilen der Nutzung der Tiefen-, bzw. der Breitenachse. Die Übungsstrukturen werden deshalb situationsspezifisch aufgebaut, wobei sich der Trainer vergewissern muss, dass seine Anweisungen von allen Spielern verstanden worden sind.
Beginnend mit dieser Altersklasse gelten die Regeln des Rugbyspiels in der von der International Rugby-Football Board und dem Deutschen Rugby-Verband beschlossenen Fassung mit nachstehenden, für diese Rahmentrainingskonzeption relevanten Veränderungen:

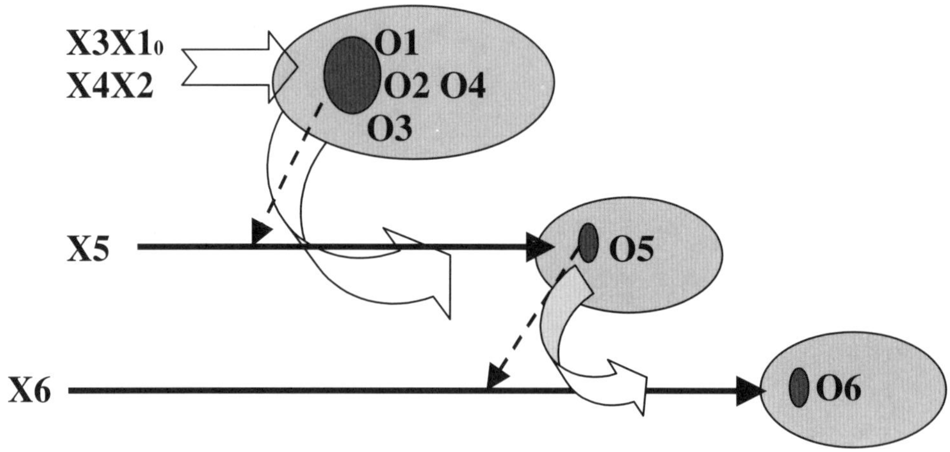

Abb. 23: Komplexübung zur Kontaktschulung für Sturm und Hintermannschaft (aufeinanderfolgende offene Gedränge und Mauls)

6.4.2.4 Theoretische Vorbereitung

Mit der Erweiterung der Spieleranzahl auf 15 für jede Mannschaft werden nun auch die kompletten Regeln des Rugbyspiels eingeführt und vermittelt. Die Komplexität und die Vielfalt der Aktionen nehmen durch die Vergrößerung der Spielerzahl in erheblichem Maße zu. Damit einher geht gleichzeitig eine Verringerung der Ballkontakte des Einzelnen im Spiel. Verstärkt müssen deshalb taktische Konzepte besprochen und verglichen sowie die Bedeutung der Spieler herausgestellt werden, die nicht im Ballbesitz sind bzw. durch ihre Aktionen auch nicht in den Ballbesitz kommen. Das gemeinsame Beobachten guter 15er Spiele, das Aufschlüssen der von guten Mannschaften bevorzugten Taktiken und vergleichende Diskussionen ihrer Spielstiele verstärkt das Bewusstsein für die eigene Taktik und die Notwendigkeit der Entwicklung eines eigenen Spielstiels.
Durch das verstärkte Positionstraining werden die Aufgaben der Spieler für die einzelnen Positionen in Standardsituationen und ihre Rollen im offenen Spiel (im Angriff, in der Verteidigung und beim Gegenangriff) festgelegt, sowie die Möglichkeiten für die Verkürzung der Laufwege zum Kontaktpunkt. Ökonomie des Krafteinsatzes gegenüber dem Gegner und Kontinuität über das gesamte Spiel müssen als Ziele in dieser Förderstufe umgesetzt werden.

6.4.2.5 Anforderungen im psycho-sozialen Bereich

In dieser Phase erfolgt eine Persönlichkeitsstabilisierung. Nicht nur die Charaktereigenschaften werden herausgebildet, sondern auch leistungsbestimmende Faktoren wie Konzentrationsausdauer, Leistungsbereitschaft und Leistungsmotivation. Das kritische Handeln, die Kameradschaftlichkeit und Kooperationsbereitschaft sind Voraussetzungen für eine gute Integration in diesen Mannschaftssport.

6.4.2.6 Problematik der Trainingsgestaltung für Spät- und Quereinsteiger

Die praktische Erfahrung hat gezeigt, dass relativ oft neue Jugendliche zu einer schon länger gebildeten und ausgebildeten Trainingsgruppe hinzustoßen wollen.
Hier muss differenziert werden zwischen denen, die bis zu diesem Zeitpunkt noch keine andere Sportart betrieben haben („Späteinsteiger"), und jenen die von einer anderen Sportart kommen („Quereinsteiger").
Was die erste Gruppe betrifft, der sogenannten „Späteinsteiger", besteht die Hauptschwierigkeit darin, den Ausfall der ersten Förderstufen zu kompensieren, um in kurzer Zeit sowohl die allgemeine athletische Ausbildung, als auch die spezielle Kondition und die rugbyspezifischen Techniken auf das erforderliche Niveau zu bringen. Dabei besteht häufig die Gefahr einer körperlichen sowie psychischen Überbelastung, obwohl man davon ausgehen kann, dass das Motivationsniveau hoch und unverbraucht ist. Sicherlich spielt auch die körperliche Eignung eine Rolle, wobei man aber davon ausgehen kann, dass durch die relativ große Anzahl von verschiedenen Anforderungsprofilen eigentlich jedem Neuankömmling eine seinem Körperbau entsprechende Position zugeteilt werden kann.
Um eine schnelle Integration dieser Jugendlichen zu erreichen, ist die Mithilfe der erfahrenen Spieler notwendig, die schon beherrschten Fertigkeiten im Training weiter übermitteln zu können.
Anders als die Späteinsteiger haben die Quereinsteiger schon sportliche Vorerfahrungen gesammelt. Sie stoßen zum Rugbysport nachdem sie schon eine oder mehrere Sportarten betrieben haben. Sie verfügen bereits über ein bestimmtes konditionell-koordinatives Niveau. Um sie so schnell wie möglich in die meist schon fertig gebildete Mannschaft einbauen zu können, wird für sie im Training der Schwerpunkt auf das Erlernen der Grund-, Positions- und Gruppentechniken sowie auf die spezielle Kondition gelegt.
Sowohl für die Spät- als auch für die Quereinsteiger ergeben sich große Probleme im Verständnis der Individual- und Mannschaftstaktik. Hier muss der Trainer beim Einbau in die Mannschaften auch auf die Hilfen der Mitspieler bauen, ohne deren Informationen dem Neuling der Sinn vieler Aktionen lange verschlossen bleibt.

6.4.2.7 Spielregeln für Jugendliche (15–16 Jahre) und Junioren (unter 19 Jahre)

Regel 3 – Anzahl der Spieler: 12 bzw. 15
Spieler, die ausgewechselt wurden, dürfen einen verletzten Spieler ersetzen .

Regel 5 – Spieldauer: Die Spieldauer beträgt bei Spielen von Jugendlichen 2 x 30 Minuten, bei Spielen von Junioren 2 x 35 Minuten.

Regel 20 – Gedränge:

a) Ein Gedränge kann nicht näher als 5 m vor der Mallinie gebildet werden.

b) Dreht sich ein Gedränge unabsichtlich um mehr als 45 Grad, so wird ein neues Gedränge angeordnet. Die ballbesitzende Mannschaft wirft ein.

c) Genau 8 Spieler jeder Mannschaft sind notwendig, um ein Gedränge zu bilden. Die Anzahl kann auf 5 Spieler reduziert werden, wenn Spieler für diese Positionen nicht zur Verfügung stehen, vom Platz gestellt oder verletzt wurden. Wird ein Gedränge mit weniger als 8 Spielern gebildet, so müssen sich beide Mannschaften wie folgt formieren: 7 Stürmer = 3–4–Formation, 6 Stürmer = 3–2–1–Formation, 5 Stürmer = 3–2–Formation.

d) Sollte einer der 5 Spieler der ersten oder zweiten Reihe nicht verfügbar, verletzt oder vom Platz gestellt worden sein, so ordnet der Schiedsrichter im weiteren Spielverlauf nur noch passive Gedränge an. Für das passive Gedränge gelten die gleichen Regeln wie bei den Schülern B und A.

e) Es ist verboten, das Gedränge zu drehen oder das gegnerische Gedränge mehr als 1,5 m in Richtung einer Mallinie zu schieben. Keinem Spieler ist es erlaubt, den Ball absichtlich im Gedränge zu halten, nachdem die Kontrolle über den Ball gewonnen wurde.

Strafe c, d, e): Freitritt

Regel 24 B – Abseits am Gedränge:

a) Während des Gedränges darf kein Spieler das Gedränge verlassen.

b) Die Nr. 8 eines 3–4–1–Gedränges ist der einzige Spieler, der den Ball aufnehmen und sich vom Gedränge lösen darf. Wenn er dies tut, ist das Gedränge beendet.

Strafe a, b): Straftritt

Foulspiel: Folgende Spielzüge sind aus Sicherheitsgründen verboten:

a) „Fliegender Keil“: Ein Spieler wird nach einem Frei- oder Straftritt kurz angespielt und läuft auf die Mallinie zu, während sich seine Mitspieler bei ihm binden.

b) „Kavallerie-Angriff“: Die angreifenden Spieler verteilen sich bei einem Frei- oder Straftritt in 1-2 m - Abständen über das Spielfeld. Auf ein Signal des ausführenden Spielers laufen alle Spieler los. Erst kurz bevor die Spieler die Marke erreicht haben, wird der Ball zu einem bestimmten Spieler gepasst.

Strafe a,b: Straftritt

6.4.2.8 Beispiele für Trainingseinheiten

I.

Trainingsteil	**Ziele**	**Organisation**
15' Aufwärmen	Einlaufen und Verbessern der Grundtechnikelemente Passen, Kicken, Tacklen	Leichtes Joggen und Passen in 2er-, 3er- und 4er Gruppen: Abwechslung zwischen langen und kurzen Pässen, Überpässe, Scheren, angetäuschte Scheren, angetäuschte Scheren und Kurzpässe oder Überpässe, zweifach angetäuschte Scheren, gestellte Kurzpässe, etc.
		Kickübungen in Paaren: Bodenroller, Falltritte, Sprungtritte über 15–30m.
		Tackleübungen durch mehrmaliges Tief- und Hochhalten einer Reihe von 8–10 Spieler (4–5 Wiederholungen)
80' Hauptteil	Formieren, Einwerfen, Unterstützen des Fängers und Abspielen des Balles aus der Gasse	in 5er Gruppen, zuerst ohne Opposition, dann mit halbaktiver Opposition (die gegnerischen Fänger dürfen mitspringen, den Ball aber nicht erobern oder das Abspielen verhindern).
	Formieren, Einwerfen, Schieben und Abspielen des Balles aus dem angeordneten Gedränge	3:3, dann 5:5, zuerst ohne Opposition (die nichteinwerfende Mannschaft darf weder schieben, noch den Ball erobern), dann mit halbaktiver (die Gegner dürfen schieben, den Ball aber nicht erobern) und aktiver Opposition
	Spiel 20'	nach den für diese Altersgruppe geltenden Regeln
	Verbesserung der Kraftfähigkeiten	Schwerpunkt auf Entwicklung der schrägen und geraden Bauchmuskeln, der Rückenstrecker und Schultergürtelmuskulatur (s. Krafttraining)
10'Abschluss	Atem-, Dehn- und Auf lockerungsübungen	Auslaufen, alle 2'für Atem-, Dehn- und Auflockerungsübungen unterbrechen

II.

Trainingsteil	Ziele	Organisation
20' Aufwärmen	Psycho- physiologische Vorbereitung für das nachfolgende Training	– Ballbehandlung in 2er-, 3er- und 4er Gruppen (Passen-Annehmen, Kicken-Fangen) – Spiel „OK“ – Rugby
60' Hauptteil	Verbesserung der Balleroberung nach Kontaktsituationen im offenen Spiel (Ballbesitz und Kontinuität sichern)	Auf einem reduzierten Spielfeld werden die Teilnehmer in 2 gleichstarke Gruppen aufgeteilt und bekommen den Ball abwechselnd zugeworfen. Die Aufgabe der Angreifer ist es, durch wiederholte Durchbruchversuche und Unterstützung des Ballträgers den Ball so lange unter Kontrolle zu halten, bis ein Versuch gelegt wird. Die Verteidiger verhalten sich halbaktiv, sie dürfen den Ballträger tacklen, den Ball aber nicht zurückerobern. Sie können wieder in Ballbesitz kommen, wenn die Angreifer einen technischen Fehler machen („Vorpass“) oder ihnen der Ball zugeworfen wird. Die Stürmer nehmen ebenso wie die Dreiviertelspieler an diesen Übungen teil!
	Spiel 20'	Nach den für diese Altersgruppe geltenden Regeln. Nach jedem technischen Fehler wird das Spiel abwechselnd mit einer Standardsituation Gasse oder Gedränge fortgesetzt.
10' Abschluss	Auswertung des Trainings	Cool – down durch Joggen/Atem- und Dehnübungen

6.5 Das Leistungstraining (Förderstufe 5, 17–19-Jährige)

6.5.1 Zielsetzung des Trainings

Nach der stufenweise erfolgten optimalen Ausbildung aller Leistungsvoraussetzungen, ist nun das Erreichen von Spitzenleistungen möglich. Die regelmäßige Turnierteilnahme und das gute Abschneiden der Juniorennationalmannschaft an der Weltmeisterschaft sollte aber nicht als alleiniges Ziel betrachtet werden. Sie sind sicher nur ein erster Höhepunkt für den einzelnen Spieler. Durch die hohen Spiel- und Trainingsbelastungen in dieser Ausbildungsstufe werden Spitzenleistungen auch im Erwachsenenalter ermöglicht.
Der Anteil an speziellen Übungsformen dominiert. Die positionsspezifische Spezialisierung wird abgeschlossen, die individual-, gruppen- und mannschaftstaktischen Handlungen werden situationsgerecht umgesetzt, ein individueller Stil wird herausgebildet.

6.5.2 Die sportliche Ausbildung

Kraft- und Ausdauereigenschaften sind Trainingsschwerpunkte, wobei der Anteil an rugbyspezifischem Kraft- und Ausdauertraining überwiegt. Durch die ähnlich wie beim Erwachsenen ausfallende Belastungen werden Anpassungserscheinungen des Herz-Kreislauf-Systems, Vergrößerung des Muskelquerschnitts sowie eine schnellere Regeneration bewirkt. Die in diesem Alter optimale Muskelzuwachsrate erlaubt ein regelmäßiges Maximalkrafttraining als Voraussetzung für die Entwicklung der Schnellkraft. Für das körperbetonte Rugbyspiel sind aber auch die Kraftausdauerfähigkeiten zu entwickeln. Die Koordination hat sich stabilisiert, diese Fähigkeiten werden aber weiterhin wie in den vorherigen Förderstufen trainiert.
Wichtig ist ein umfassendes Aufwärmen, das den Herz-Kreislaufapparat sowie die Muskulatur auf hohe Belastungen vorbereitet.

6.5.2.1 Training der konditionellen Fähigkeiten

Das Ausdauertraining
Im Hinblick auf die hochintensiven Belastungen wird auch die Grundlagenausdauer (aerobe Kapazität) weiter ausgebaut, um einen Abfall der Koordinationsfähigkeit bei technischen Übungen sowie längere Erholungsphasen zwischen den Übungen (langsam sinkende Pulsfrequenz) zu vermeiden.

Beispiele für Ausdauertrainingsmethoden:

- ***Dauermethode mit kontinuierlicher Intensität***

- ***Dauermethode mit wechselnder Intensität:***
  Aufwärmen durch leichtes Laufen, Dehn- und Lockerungsübungen, dann:
  5 Minuten Laufen bei Pulsfrequenz 150–160 Schläge/Minute
  5 Serien: 100 m Gehen in Abwechslung mit 100 m Steigerungsläufe
  5 Minuten Laufen mit Pulsfrequenz 165–175 Schläge/Minute
  200 m Gehen
  10 Minuten Laufen mit Pulsfrequenz 150–160 Schläge/Minute
  200 m Gehen
  5 Serien: 100 m Gehen mit 50 m Sprints
  5 Minuten Laufen mit Pulsfrequenz 150–160 Schläge/Minute

Beide Methoden sollten vor allem in der Vorbereitungsperiode mindestens 2 mal pro Woche je 30–40 Minuten durchgeführt werden.

- ***Rugbyspezifisches Intervalltraining für die Stürmer der 1.und 2.Reihe:***
  10–12 x 100 m in 17–15 sec. mit 2–3 Minuten Pause.
  Die Laufstrecke ist entlang der Seitenauslinie des Spielfeldes, von der einen Malfeldlinie zur gegenüberliegenden. In der Pause werden aktive Atem- und Lockerungsübungen durchgeführt, sowie Gehen bis zur anderen Seitenauslinie. Ein neuer Start erfolgt, wenn der Puls auf 120–130 Schläge/Minuten gesunken ist

- ***Rugbyspezifisches Intervalltraining für die Stürmer der 3. Reihe und die Dreiviertelspieler:***
  5–20 x 100 m in 15–14 sec. mit 1,5–2 Minuten Pause (Pulsabfall auf 120-130), dieselbe Strecke wie oben.

- ***Verbesserung der speziellen Ausdauer durch integriertes Konditionstraining (in Verbindung mit dem Technik-Taktiktraining):***
  16–20 Wiederholungen einzelner technisch-taktischer Elemente, z.B. Gedränge, Gasse und 22 m-Antritt für die Stürmer bzw. der taktischen Spielzüge sowie Gegenangriffssequenzen für die Dreiviertelspieler.
  Im zweiten Teil der Vorwettkampfperiode sowie in der Wettkampfperiode sollte ein großer Teil des Ausdauertrainings an der aerob-anaeroben Schwelle stattfinden, d.h. mit Pulswerten zwischen 165 - 175 Schlägen/Minute. Bei im Ausdauerbereich gut trainierten Spielern wächst dadurch die Laufgeschwindigkeit sowie die Zeit, in der

diese konstant gehalten werden kann („Steady-State") ohne dass die Laktatkonzentration im Blut die 4mmol/l Grenze überschreitet.

Das Krafttraining

Durch die Intensivierung des Spiels wegen immer häufigerer Zwei- und Kleingruppenkämpfen wächst auch die Wichtigkeit der Verbesserung der Kraftfähigkeiten.

Neben den oben genannten Wirkungen des Krafttrainings gibt es auch einen indirekten Einfluss auf die Steigerung der Spielleistung: Die Angst vor dem Körperkontakt fällt weg, man kann das Spiel konditionell dominieren und sich somit technisch-taktisch viel leichter durchsetzen. Oft ist diese körperlich-konditionelle Überlegenheit sogar eine Voraussetzung dafür.

- ***Übungsbeispiel zur Fortsetzung des Muskelaufbautrainings:***
  Querschnittvergrößerung, (6–8 Wochen zu Beginn der Vorbereitungsperiode):
  50–70 % der maximalen Kraft für jede Muskelgruppe
  10–15 Wiederholungen
  4–6 Serien
  3–4 Minuten Pause zwischen den Serien
  5–6 Muskelgruppen/Trainingseinheit

- ***Übungsbeispiel zur Entwicklung der Maximalkraft:***
  90–100 % der Maximalkraft
  1–2 Wiederholungen
  2–3 Serien
  3–4 Minuten Pause zwischen den Serien
  3–4 Muskelgruppen /Trainingseinheit

Die Voraussetzungen für das ab jetzt immer öfter getrennte mannschaftsteilspezifische Krafttraining sind nun geschaffen. Die Stürmer werden sich vor allem auf die Verbesserung der Kraftausdauer konzentrieren (notwendig für das wiederholte Schieben im Gedränge, im offenen Gedränge, Paket sowie den Zweikämpfen), während die Dreiviertelspieler vorrangig ihre Schnellkraft verbessern werden (starkes Beschleunigen, Tacklen, Richtungswechsel).

- ***Trainingsziel Entwicklung der Kraftausdauer (Stürmer):***
  50–60 % der Maximalkraft für jede Muskelgruppe
  15–20 Wiederholungen in mäßigem Bewegungstempo
  8 –10 Serien
  3–4 Minuten Pause zwischen den Serien
  3–4 Muskelgruppen/Trainingseinheit

- ***Trainingsziel Entwicklung der Schnellkraft (Dreiviertelspieler):***
  30–50 % der Maximalkraft
  8–10 Wiederholungen in explosivem Bewegungstempo
  6–9 Serien
  2–3 Minuten Pause zwischen den Serien
  5–6 Muskelgruppen/Trainingseinheit

Das Schnelligkeitstraining
Zu der Wiederholungsmethode, bei der kurze Strecken von 10–20 m bei maximalem Bewegungstempo zurückgelegt werden, sollten auch weiterhin Reaktivkraftübungen durchführt werden.

- ***Trainingsziel Entwicklung der Schnelligkeit durch die Wiederholungsmethode:***
  10–20 m Streckenlänge
  8–10 Wiederholungen mit maximaler Intensität
  3–5 Minuten Pause zwischen den Wiederholungen (vollständige Wiederholung)
  2–3 Serien

- ***Trainingsziel Verbesserung der Schnelligkeitsausdauer:***
  Wird nicht mehr isoliert, sondern in Technik-Taktikübungen integriert (Aktions- und Reaktionsübungen mit dem Rugbyball bei submaximalen Bewegungsgeschwindigkeiten).

Das Beweglichkeitstraining
Während das allgemeine Beweglichkeitstraining im Aufbautraining erfolgt, soll gleichzeitig bei den Stürmern eine spezielle Form der Beweglichkeit bei großer Kraftanstrengungen entwickelt werden. Das ist vor allem für den Schultergürtel und den Hüftbereich der Erste- und Zweitereihespieler wichtig, um das Verletzungsrisiko bei Zusammenbrüchen des Gedränges oder des Pakets auf ein Minimum zu reduzieren.
Es werden dieselben Ziele der Steigerung der Muskeldehnfähigkeit, der Verbesserung der inter- und intramuskulären Koordination, der Funktionserhaltung von Gelenken, Sehnen und Bändern sowie der Erhöhung von Entspannungs- und Regenerationsfähigkeit gesetzt. Neben der allgemeinen Beweglichkeit wird durch aktive und passive Übungen auch ein speziell positionsspezifisches Beweglichkeitstraining stattfinden.

6.5.2.2 Technische und taktische Ausbildung

Während die Grundtechnik Feinstformen annimmt, wird eine weitere Spezialisierung auf den einzelnen Positionen vorgenommen. Das erhöht die Effektivität der Einsätze innerhalb der Mannschaftsteile und erlaubt

ein besseres Zusammenspiel in den Standardsituationen. Die Bälle können somit unter maximalen Krafteinsätzen leichter erobert werden, bei den Stürmern wird die Ökonomie der Kraftübertragung im angeordneten Gedränge oder im Paket erhöht, während die Bewegungsabläufe bei der Hintermannschaft präzisiert und feinkoordiniert werden.
Um spielnah und situationsgerecht zu trainieren, werden viele der Übungen unter großem Zeit- und Raumdruck der Verteidiger durchgeführt. Das führt zu einer variabel verfügbaren Individual- und Gruppentechnik, die auch in extremen Stresssituationen nicht zusammenbricht und es dem Spieler erlaubt, sich auf das taktische Verhalten zu konzentrieren. An diesen Übungen nehmen alle Spieler teil, Stürmer sowie Dreiviertelspieler. Die Verteidiger sind Anfangs aktiv gelenkt (sie dürfen den Ball nicht erobern, um den Spielfluss nicht zu unterbrechen), dann aber wird gegen die Mitspieler wettkampfmäßig trainiert.
Es werden jetzt 2–3 Angriffs- und Verteidigungs- und Gegenangriffssysteme erlernt und umgesetzt, innerhalb derer die richtigen taktischen Entscheidungen getroffen werden müssen. Das setzt gute theoretische Kenntnisse aber auch ein gemeinsames Verständnis für die jeweilige Situation voraus, wobei eine gute Kommunikation zwischen den Spielern unerlässlich ist.
Wenn innerhalb des Körperkontakttrainings auch die spezielle Ausdauer verbessert werden soll (integriertes Training), sind folgende Vorgaben zu beachten:

- Für die Verbesserung der anaeroben alactaziden Ausdauer: 5–10 sec. maximale Intensität, 15–30 sec. Pause, 3–5 Wiederholungen.

- Für die Verbesserung der anaeroben lactaziden Ausdauer: 20–30 sec. maximale Intensität, 40–60 sec. Pause, 6–8 Wiederholungen, 3–5 Serien
  oder: 60–90 sec. submaximale Intensität, 60–90 sec. Pause, 4–6 Wiederholungen, 3–4 Serien
  oder: 60 – 90 sec. der maximalen Intensität, 3–4 Minuten Pause, 3–5 Wiederholungen, 2–3 Serien.

6.5.2.3 Theoretische Vorbereitung

- Erlernen von 2–3 Angriffs-, Verteidigungs- und Gegenangriffssystemen.
- Raumgewinn ist möglich durch enges Durchbruchspiel der Stürmer, durch Passangriff mit der Hintermannschaft oder durch Kickspiel.
- Die Kontinuität der Angriffsketten kann durch schnelles Abspielen des Balls aus offenem Gedränge und Paket sowie durch beidseitige Unterstützung des Ballträgers gesichert werden.
- Die taktische Ausbildung setzt ein hohes Technik- und Taktikniveau voraus, aber auch theoretische Kenntnisse bezüglich der freien Räu-

me, den Möglichkeiten, die Vorteilslinie schnell zu kreuzen, den Vor- und Nachteilen die Nutzung der Tiefen- und der Breitenachse betreffend. Die Übungsstrukturen werden deshalb situationsspezifisch eingebaut, wobei sich der Trainer vergewissern muss, dass seine Anweisungen von allen Spielern verstanden worden sind.

6.5.2.4 Anforderungen im psycho-sozialen Bereich

Diese Ausbildungsetappe sollte eine Phase der Persönlichkeitsstabilisierung sein, der Trainer muss aber auch die oft gravierenden Leistungsunterschiede zwischen den einzelnen Spielern oder sogar den Mannschaftsteilen durch gezielt individuelles Training ausgleichen können. Dabei spielen Leistungsbereitschaft und Leistungsmotivation eine entscheidende Rolle. Diese können über die Jahre hinweg durch ein vielfältiges, interessantes und dynamisches Trainingsangebot, durch etappenweise hoch angesetzte aber realisierbare Zielsetzung erreicht und aufrechterhalten werden.

6.5.2.5 Beispiele für Trainingseinheiten und Komplexübungen

6.5.2.5.1 Modell einer Trainingseinheit in der Vorbereitungsperiode

Laut STARISCHKA ist die Vorbereitungsperiode „derjenige Periodenzyklus, der zum Ziel hat, grundlegende konditionelle und technomotorische Voraussetzungen für hohe sportliche Leistungen und Trainingsbelastungen in der Wettkampfperiode zu schaffen. Die Erhöhung der Belastungsverträglichkeit und die Ausprägung leistungsbestimmender Faktoren sind die wesentlichen Kennzeichen dieser Periode“. In der ca. 6 Wochen dauernden Trainingszeit, die eine vielseitige athletische Ausbildung zum Inhalt hat, steigen die Belastungen vor allem am Anfang durch Vergrößerung des Umfangs, später auch der Intensität, womit die konditionellen Grundlagen sowohl für das spätere intensive Training und das Spezialtraining geschaffen werden.
Die Trainingsinhalte sind noch unspezifisch und beziehen sich auf die Verbesserung der Kraftausdauer und der allgemeinen aeroben Ausdauer, der Beweglichkeit, der koordinativen Fähigkeiten sowie auf die Ausgleichssportarten Handball, Fußball, Basketball. Auch sollte gezielt auf die individuellen Schwächen der Spieler eingegangen werden, im Unterschied zur Wettkampfperiode, wo der Trainingsschwerpunkt hauptsächlich auf die Verbesserung und Stabilisierung der Stärken ausgerichtet sind.

Training 1:

Trainingsziele:
1. Verbesserung der Grundlagenausdauer
2. Verbesserung der Beweglichkeit

Aufwärmarbeit (ca. 20 Minuten):
5 Minuten lockeres Laufen (Puls ca. 130 Schläge/Minute)
je 2 x 22 m Ballenlauf (Fußgelenksarbeit)
- Kniehebelauf
- Anfersen
- Skipping
- Beschleunigungsläufe

Die Laufstrecke ist von der Mallinie bis zur 22 m-Linie, in der Pause wird zurückgegangen, und aktive Atem- und Lockerungsübungen durchgeführt. Nach je 3–4 Läufen wird für ca. 1–2 Minuten mit Dehnübungen unterbrochen.

Hauptteil (ca.60 Minuten):
3 Serien zu je 10 Minuten Tempoläufe bei einer Herzfrequenz von 150–160 Schlägen/Minute
In den Pausen zwischen den Läufen je 5 Minuten Dehnübungen
Anschließend 15 Minuten Touchrugby

Ausklang (ca. 10 Minuten):
Dehn- und Lockerungsübungen
Auslaufen

Training 2:

Trainingsziele:
1. Verbesserung der Grundtechnik
2. Verbesserung der Kraftausdauer

Aufwärmarbeit (wird mit dem ersten Trainingsziel verbunden, ca. 30 Min) *(s. Abb. 24)*
Die Teilnehmer werden in Gruppen zu je vier aufgeteilt, jede Gruppe mit einem Ball. Die Laufstrecke ist von der Mallinie bis zur Mittellinie, die Passübungen finden zunächst im lockeren Laufen, dann im 3/4 Tempo statt. Es wird an der Mittellinie entlanggegangen, dann wird die Passübung auf der anderen Seite zum Ausgangspunkt zurück fortgesetzt:
- Passen und Laufen
- Scheren und angetäuschte Scheren
- Überpässe
- Passen und Umlaufen jedes einzelnen Spielers dem zugepasst wurde

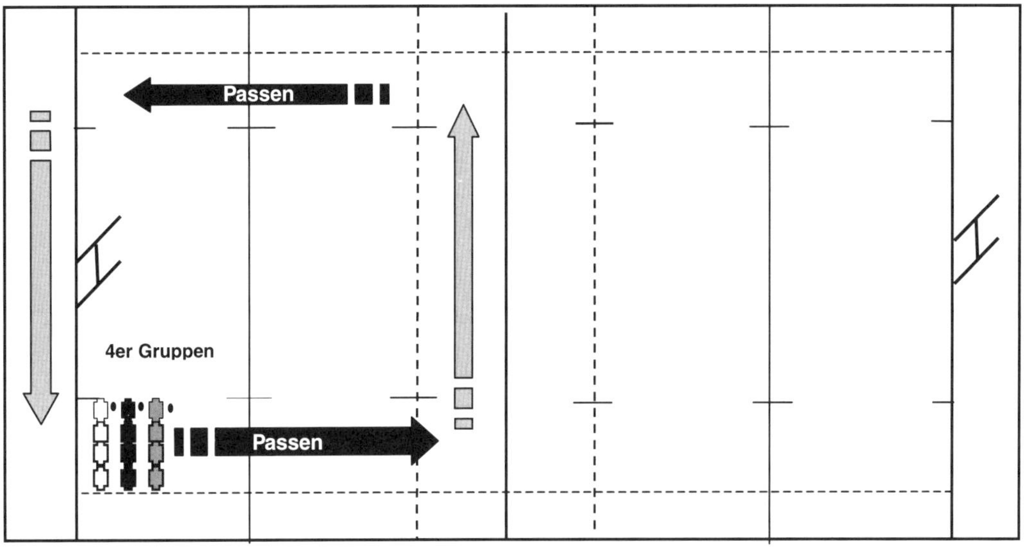

Abb. 24: Übungsorganisation zur Aufwärmarbeit

- Passen und Umlaufen der ganzen Gruppe
- Überkick – Fangen – Passen

Hauptteil (ca. 60 Minuten):
- Bankdrucken
- Kniebeugen
- Sit-ups und Übungen zur Stärkung der Rückenstreckmuskulatur

Methodische Hinweise:
Für die ersten beiden Muskelgruppen gilt:
- Lastgröße 50–70 % der maximalen Kraft
- 12–15 Wiederholungen
- 4–5 Serien
- 2–3 Minuten Pause zwischen den Serien

Für die Bauch- und Rückenmuskulatur:
- 20–30 Wiederholungen
- 4–5 Serien
- Lastgröße: Das eigene Körpergewicht
- 2–3 Minuten Pause zwischen den Serien

Ausklang (ca. 15 Minuten):
10 Minuten Dauerlauf mit einer Pulsfrequenz von 130–150 Schlägen/ Minuten (nach dem Krafttraining erreicht man durch einen Dauerlauf

im angegebenen Pulsfrequenzbereich die schnellste Rückführung auf den Vorbelastungsfunktionszustand).
Dehn- und Lockerungsübungen.

6.5.2.5.2 Modell einer Trainingseinheit in der Vorwettkampfperiode

Durch die nun wettkampfspezifischeren Trainingsinhalte, die Erhöhung der Intensität und den größeren Anteil an Komplexübungen wird der Übergang zur Wettkampfleistung gesichert. Dabei spielt die Entwicklung der Schnelligkeitsausdauer die Technik- und Taktikschulung sowie das integrierte Konditionstraining eine Hauptrolle. Es kommt zu einem wettkampfnahen Komplextraining mit dem Schwerpunkt Zusammenspiel der Stürmer mit der Dreiviertelreihe: Perfektionierung der Angriffsketten, des Verteidigungssystems sowie des Gegenangriffs.
Die Belastungen steigen bis in den Grenzbereich und bauen somit die für die Wettkampfperiode so wichtigen Leistungsvoraussetzungen auf.
Zeitbedingt, vor allem in den Sommermonaten, ist es allerdings nicht möglich, die Vorwettkampfperiode auf mehr als ca. 3 Wochen auszudehnen. Um so mehr besteht die Notwendigkeit einer kontinuierlichen Grundlagenarbeit in den vorausgegangenen Etappen.
Als Hauptziel dieser Periode steht die Erhöhung der anaeroben Kapazität, vor allem durch die Trainingsformen extensive Intervallmethode, Fahrtspiel und wechselnde Dauermethode. Es wird dadurch eine Stabilisierung der Leistungsvoraussetzungen erreicht. Die relativ oft ausgetragenen Vorbereitungs- und Freundschaftsspiele können den augenblicklichen Leistungsstand anzeigen und geben, bei einer korrekt durchgeführten Spielanalyse, Anhaltspunkte für die zukünftige Trainingsgestaltung.

Training 1:

Trainingsziele:
1. Verbesserung der Grundlagenausdauer
2. Verbesserung der Mannschaftsteiletechnik

Aufwärmarbeit (ca. 15 Minuten):
Die Spieler sind auf der Mallinie nebeneinander aufgestellt, die Strecke geht bis zur gegenüberliegenden Mallinie:Fußgelenkarbeit von der Mallinie zur 22 m-Linie (2/4 Tempo), weiter joggen bis zur Mittellinie, wieder Fußgelenksarbeit zur gegenüberliegenden 22 m-Linie und Joggen zur Mallinie 1–2 Minuten Pause mit Dehn- und Atemübungen, dann
- Dieselbe Strecke zurücklegen, in Abwechslung zwischen Kniehebelauf und Joggen 1–2 Minuten aktive Pause, dann
- Beide Übungen im 3/4 Tempo wiederholen
- Die Spieler stellen sich paarweise im 5–15 m-Raum hinter der Mallinie auf: Die Paare laufen im 2/4 Tempo auf die gegenüberliegende

Mallinie zu, wobei an jeder Querlinie (22 m-Linie, Mittellinie, gegenüberliegende 22 m-Linie, gegenüberliegende Mallinie) in Abwechslung Liegestütz, Kniebeugen, Bauch- und Rückenmuskelübungen durchgeführt werden. Im gegenüberliegenden Malfeld wird parallel mit der Mallinie weitergelaufen und der Circuit auf der anderen Seite beim Zurückkehren wiederholt. 2–3 Minuten aktive Pause, dann noch je 2 Wiederholungen. *(s. Abb. 25)*

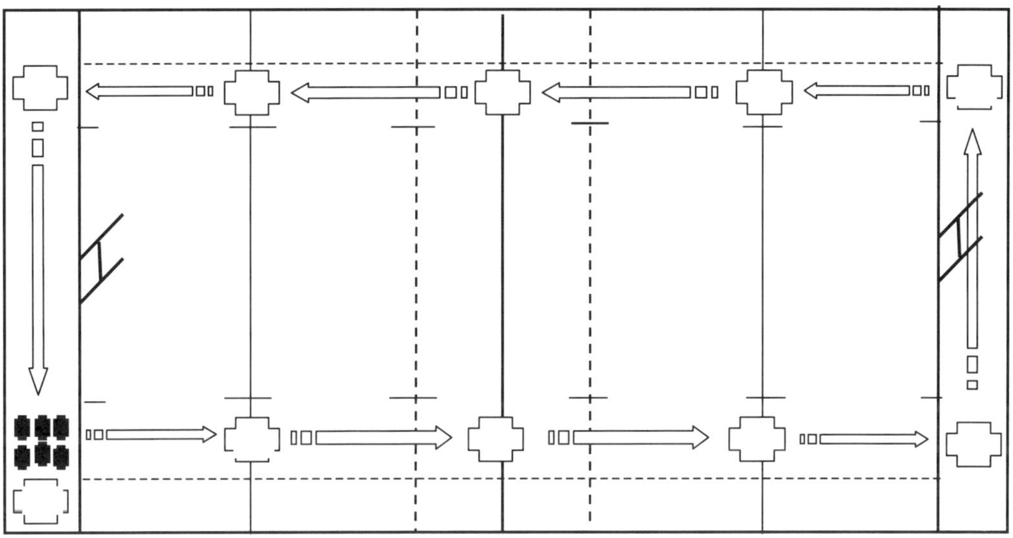

Abb. 25: Übungsorganisation zur Aufwärmarbeit

Hauptteil (ca. 60 Minuten):

1. Stürmer:

in der Gasse:

- Einspielen des Fangsystems: Einwerfen – Fangen – Unterstützen – Abspielen
- Einwerfen vorne – Mitte – hinten

im Gedränge:

- 3:3 je 10 Sek mit 1/2, dann 3/4 Kraft in isometrischer Schiebekraft unbewegt stehen. Je 3 Serien.
- 3:3, die Gegner je 10 m nach vorne schieben. Nach einer kurzen Pause werden die Rollen gewechselt und durch Schieben zum Ausgangspunkt zurückgekommen. 4–5 Serien.

2. Dreiviertelreihe:
Aus simulierter Standardsituation, 3:3 Angriff und Verteidigung:

Mit kompletter Hintermannschaft, Spielzüge aus Gasse und Gedränge, gegen eine sich aktiv verhaltende Verteidigungsreihe

3. Zusammenspiel:
- Aus der Gasse
- Aus angeordnetem Gedränge
- Nach 22 m- und Mittellinie- Antritt

Dabei kann der Ball nach dem Einwurf von den Stürmern nach vorne getragen, direkt zur Hintermannschaft abgespielt und dann in einer zweiten Angriffsphase wieder vom Sturm übernommen, oder aber durch Kickspiel und Ballrückeroberung die Vorteilslinie gekreuzt werden.

Ausklang (ca. 10 Minuten):
Ein Ballspiel, Ballholstaffeln, leichtes Laufen und Lockerungsübungen gehören zu diesem Abschlussprogramm

Training 2:

Trainingsziele:
1. Verbessern der Schnelligkeitsausdauer
2. Verbessern der Mannschaftsteiletechnik
3. Verbessern des Zusammenspiels

Dauer: ca. 100 Minuten
Umfang und Intensität: groß

Aufwärmen (ca. 15 Minuten):
2 – 3 Runden Einlaufen
10 Minuten Touch-Rugby
5 Minuten Dehnübungen

Hauptteil (ca. 100 Minuten):
1. Sprintpyramide (für alle Teilnehmer):
- 6 x 22 m (von Mallinie bis 22 m-Linie)
- 4 x 50 m (von Mallinie bis Mittellinie)
- 2 x 78 m (von Mallinie bis gegenüberliegende 22 m-Linie)
- 1 x100 m (von Mallinie bis gegenüberliegende Mallinie)

Die Sprints werden mit ca. 90 % der maximalen Schnelligkeit durchgeführt, dann wird zum Ausgangspunkt zurückgegangen, um von da aus wieder zu sprinten.

2. Für die Stürmer:

- 15 Minuten Gassenarbeit: Aufeinanderfolgende Einwürfe nach vorne - mitte - hinten, gefolgt von engem Sturmangriff über die Vorteilslinie und Auslösen eines offenen Gedränges, bzw. Pakets. Schwerpunkt auf den genauen Ablauf innerhalb des Fangsystems: Einwurf - Fangen - Abschirmen - Abspielen, bzw. schnelles kreuzen der Vorteilslinie

- 15 Minuten Gedrängearbeit: Aufeinanderfolgendes Einschachteln und Schieben 1:1, 2:2, 3:3, bis (wenn möglich) 8:8
  Offensives Schieben, bzw. defensive Blockposition, dann Rollenwechsel
  Arbeit an der Gedrängemaschine: Synchronisieren der kollektiven Schiebebewegung

3. Hintermannschaft:

- 30 Minuten Lösen von Überzahlsituationen 2:1, 3:2, bzw. Gleichzahlsituationen 1:1 für die Eckdreiviertel, sowie Angriffsspielzüge, Verteidigungsformen (Mann-zu-Mann, Schieben oder Zonenverteidigung) und Gegenangriff

4. Zusammenspiel:

Angriffsketten in Abwechslung Passangriff und Durchbruchspiel:
(s. Abb. 26, S. 128)

- Je nach der Teilnehmerzahl werden die Spieler in 2 gleichstarke Mannschaften aufgeteilt
- das Spiel beginnt auf einer Mallinie durch eine Standardsituation (Gasse oder angeordnetes Gedränge)
- der Ball wird eingeworfen und zur Hintermannschaft abgespielt
- diese bringt den Ball durch einen vorher angesagten Spielzug über die Vorteilslinie
- die Stürmer leisten Unterstützung, übernehmen den Ball und lösen zwei mal hintereinander offene Gedränge bzw. Paket und Abrollen aus
- die Angriffskette wird fortgesetzt, indem der Ball zur Hintermannschaft abgespielt und anschließend wieder vom Sturm übernommen wird
- im gegenüberliegenden Malfeld wird ein Versuch gelegt

Die Verteidiger verhalten sich halbaktiv, d.h. sie dürfen den Ballträger tacklen, den Ball jedoch nicht erobern, um den Angriffsfluss nicht zu unterbrechen. Nach einer aktiven 1 – 2 Minuten Pause werden die Rollen gewechselt und die Übung zurück zum Ausgangspunkt fortgesetzt. Es werden 2-4 Durchgänge durchgeführt.

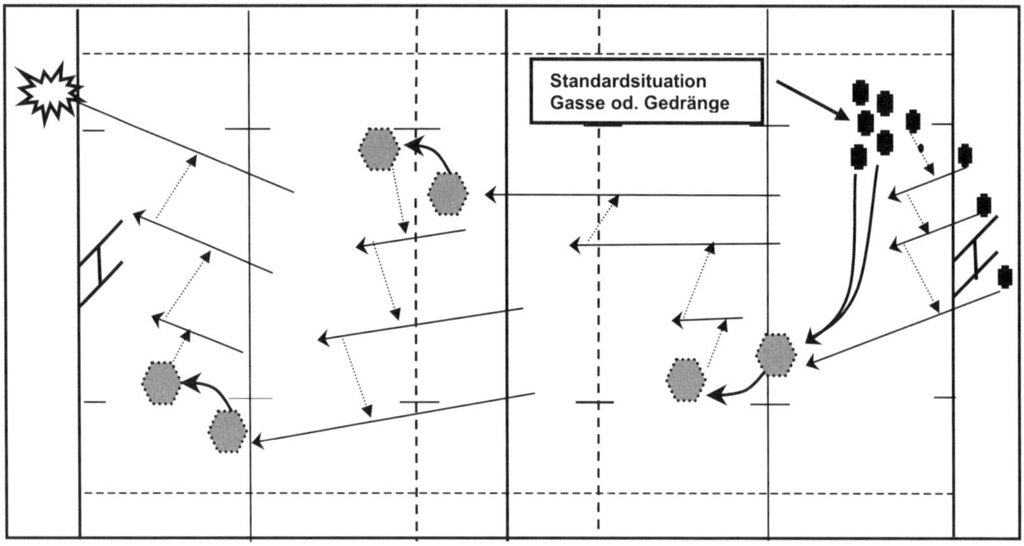

Abb. 26: Übung mit abwechselndem Passangriff und Durchbruchspiel

Ausklang
5–7 Minuten Laufen, dann leichte Dehn- und Lockerungsübungen. der ersten Spiele vorgenommen und die sportliche Planung dementsprechend angepasst.

6.5.2.5.3 Modell einer Trainingseinheit in der Wettkampfperiode

Die in dieser Periode zu erzielenden Leistungshöhepunkte werden von jeder Mannschaft je nach den im Rahmenspielplan angesetzten wichtigsten Spielen angestrebt, um in diesen Zeiträumen die Höchstform erreichen zu können.
Die Wettkampf- sowie die intensive Intervallmethode stellen die Haupttrainingsmethoden zur Verbesserung der wettkampfspezifischen Ausdauer dar. Dabei sollte versucht werden, einen Großteil des rugbyspezifischen Konditionstrainings in die komplexen Technik/Taktikstrukturen zu integrieren.
Der theoretische Unterricht (mit dem heutzutage unentbehrlichen Hilfsmittel Video, aber auch mit Tafel oder Flipchart) - wobei die Regelkunde eine der Hauptrollen spielt - findet weiterhin regelmäßig statt und sollte den Spielern auch eine leicht zu erfassende Übersicht der Wettkampfdaten ermöglichen, was eine kompetente Analyse der einzelnen Bereiche des Spiels voraussetzt.

Training 1:

Trainingsziele:

1. Verbesserung der individuellen und kollektiven Durchbruchskraft
2. Verbesserung der wettkampfspezifischen Ausdauer

Aufwärmarbeit (ca. 20 Minuten)
Die Spieler werden in zwei gleichstarke Gruppen aufgeteilt. Es wird mit halber Kraft und Spielschnelligkeit gearbeitet. Die Verteidiger dürfen den Ballträger tacklen, den Ball jedoch nicht erobern. Die Angriffskette soll sich so möglichst lange fortsetzen, bis ein Versuch erzielt wird. Dann wird eine einminütige Pause eingelegt, die Rollen getauscht und die Übung fortgesetzt. *(s. Abb. 27)*

Spielvorgaben für die jeweiligen Ballträger:
- nur nach dem Körperkontakt mit einem Gegner passen
- Kontakt und den Ball dem Mitspieler zustecken
- Kontakt, auf den Boden gehen und den Ball für den nächsten Mitspieler ablegen
- Kontakt, auf den Boden gehen, den Ball ablegen, dann geht der erste Unterstützer über den Ball und blockt die Gegner ab, während der zweite Unterstützer den Ball aufnimmt, über die Vorteilslinie geht, Kontakt aufnimmt, usw.

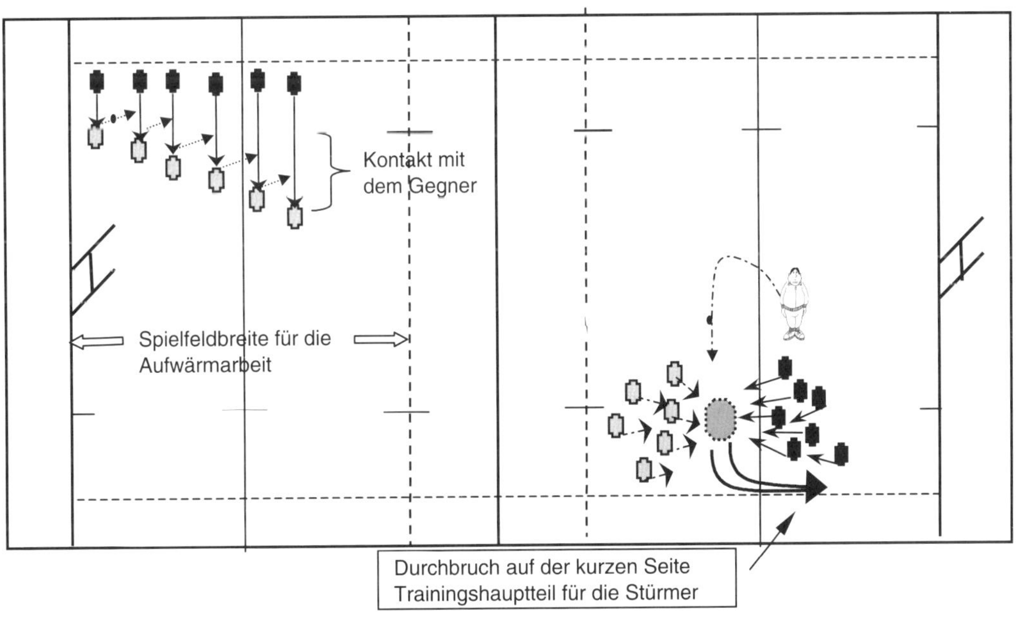

Abb. 27: Übung für die Aufwärmarbeit mit gleichzeitiger Verbesserung der individuellen und kollektiven Durchbruchskraft.

Hauptteil (ca.55 Minuten)

Mannschaftsteiletechnik

1. Stürmer

- 15 Min Verbesserung der Balleroberung aus 22 m- und Mittellinieantritt mit nachfolgendem Sturmangriff vor allem auf der kurzen Seite (s. Abb.)
- 15 Minuten angeordnetes Gedränge: Schieben gegen die Gedrängemaschine mit je 3,5,6 und 8 Spielern. Aufgaben:
  - auf korrekte Fuß- und Körperposition achten;
  - enge Bindungen einhalten;
  - synchronisierter Schub in 4 Serien zu je 6 Wiederholungen, davon die ersten beiden mit halber Kraft, die nächsten mit Maximalkraft durchführen
  - anschließend 3 - 4 Wiederholungen von je 10 sec. isometrische Anspannungen (Maximalkraft).

2. Dreiviertelspieler

- Angriffsketten mit Kreuzen der Vorteilslinie auf der langen Seite, mit Überzahlspieler in der Reihe (Schluss, Eckdreiviertel der kurzen oder langen Seite)
- taktisches Kicken bzw. Fangen unter Druck und Auslösen eines Gegenangriffs. *(s. Abb. 28)*

Zusammenspiel (ca. 25 Min)

- aus der Gasse
- aus dem Gedränge
- nach Strafkicks
- Gegenangriff nach Ballrückeroberung in Folge eines Tacklings oder Herausfangs bzw. nach gegnerischem Kick

Ausklang (ca. 10 Minuten)

Auslaufen mit kurzen Unterbrechungen für Dehn-, Atem- und Lockerungsübungen.

Training 2:

Trainingsziele:

1. Verbesserung der Grundtechnik
2. Verbesserung der Schnelligkeitsausdauer
3. Schneller Übergang vom engen Durchbruchspiel zum Passangriff, sowie vom Angriff in die Verteidigung

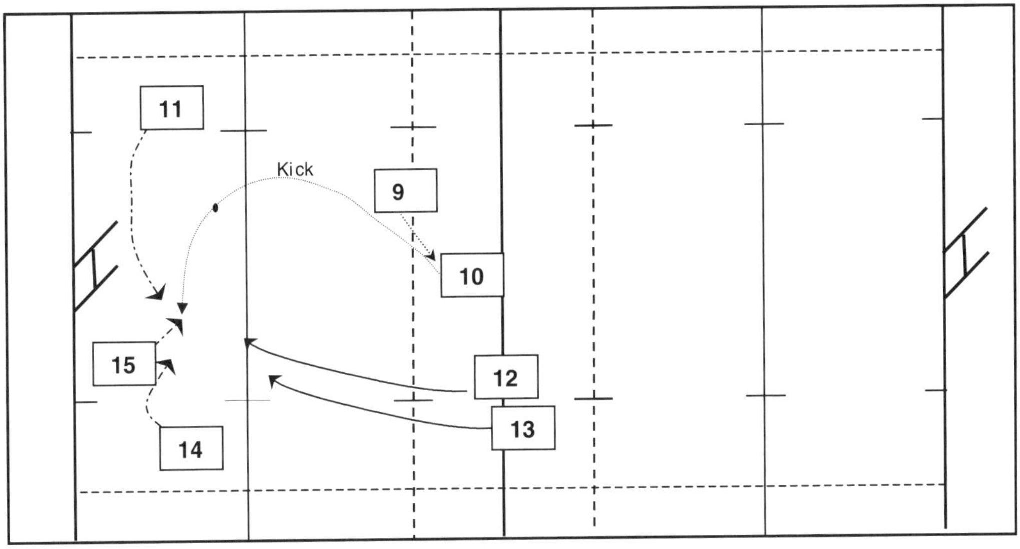

Abb. 28: Übung zum Fangen und Kicken unter Druck. 10 kickt einen hohen Ball, 12 und 13 versuchen 15 beim Fangen zu stören. Der seinerseits versucht, mit 11 und 14 einen Gegenangriff aufzubauen.

Aufwärmarbeit

Die Hintermannschaftsspieler stellen sich nebeneinander auf der Mallinie auf, dahinter die Stürmer. Auf der Strecke bis zur gegenüberliegenden Mallinie und zurück werden abwechselnd Ballenlauf, Kniehebelauf, Laufsprünge, Hochstrecksprünge und Hochstarts geübt.
Anschließende Aufteilung der Spieler in 4 Gruppen, wobei sich die Teilnehmer jeder Gruppe nacheinander hinter die Eckmarkierung eines Quadrates mit einer Seitenlänge von 10m aufstellen. Hier werden Passen, Aufnehmen, Kicken, Fangen, Side-steps und Handabwehr geübt.
Dabei hat jeweils der erste Spieler jeder Gruppe einen Ball, auf ein Zeichen des Trainers laufen alle Gruppenersten mit dem Ball zur diagonal stehenden Gruppe und führen im Quadrat bzw. mit der diagonal stehenden Gruppe die vom Trainer vorgegebene Übung aus. *(s. Abb. 29, S. 132)*

Hauptteil

Anschließend stellen sich die Teilnehmer paarweise hinter der Mallinie im 5 m-Raum auf. Es folgen:

- 3 Runden kurze Sprints in Abwechslung mit Gehen: Sprint auf der Seitenlinie entlang zur 22 m-Linie, Gehen bis zur Mittellinie, Sprint zur gegenüberliegenden 22 m-Linie, wieder Gehen bis zur gegenüberliegenden Mallinie, dann Sprint bis Mitte Goal und Gehen zur gegenüberliegenden Seitenlinie usw. *(s. Abb. 29, S. 132)*.

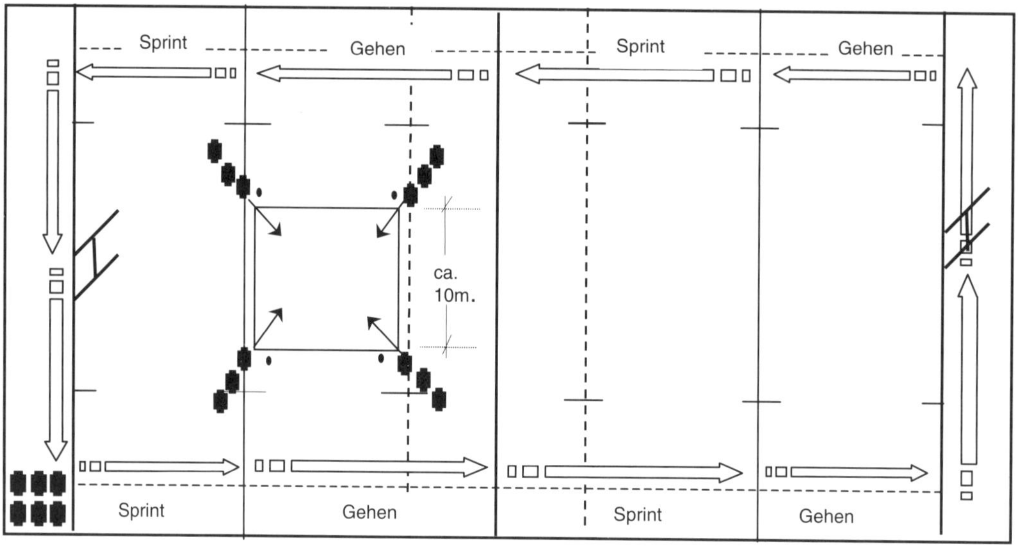

Abb. 29: Übungsorganisation zum Training von Individualtechniken

Nach 3 Runden wird eine Pause von 3–5 Min eingelegt, dann folgen:

- 3 Runden 50 m-Sprints: derselbe Ausgangspunkt, Sprint bis zur Mittellinie, gefolgt von Gehen zur gegenüberliegenden Mallinie, dann Sprint bis Mitte Goal und Gehen zur gegenüberliegenden Seitenauslinie usw.

Es werden dann 2 gleichstarke Mannschaften gebildet und gegeneinander gespielt. Die Angreifer versuchen, durch kompaktes, enges Durchbruchspiel, durch Paket und Abrollen, sowie durch Kontakt-Passen, Raum zu gewinnen (I Phase). Nach einem „Vor" oder wenn der Ball nicht mehr abgespielt werden kann, wird abgepfiffen und dieselbe Mannschaft startet einen schnellen Passangriff (2. Phase). Nach einem zweiten Fehler, oder nachdem ein Versuch erzielt worden ist, wird der Ball der gegnerischen Mannschaft zugespielt. Dann startet diese einen engen Durchbruchsangriff, um dann in der 2. Phase auch mit einem Passangriff fortzusetzen. *(s. Abb. 30)*

Dann 1 Minute Pause und Wiederholung der Spielsequenz
Spieldauer: ca. 15 Minuten
Anweisungen: Die Verteidiger dürfen den Ball nicht erobern. Kickspiel ist nicht erlaubt.

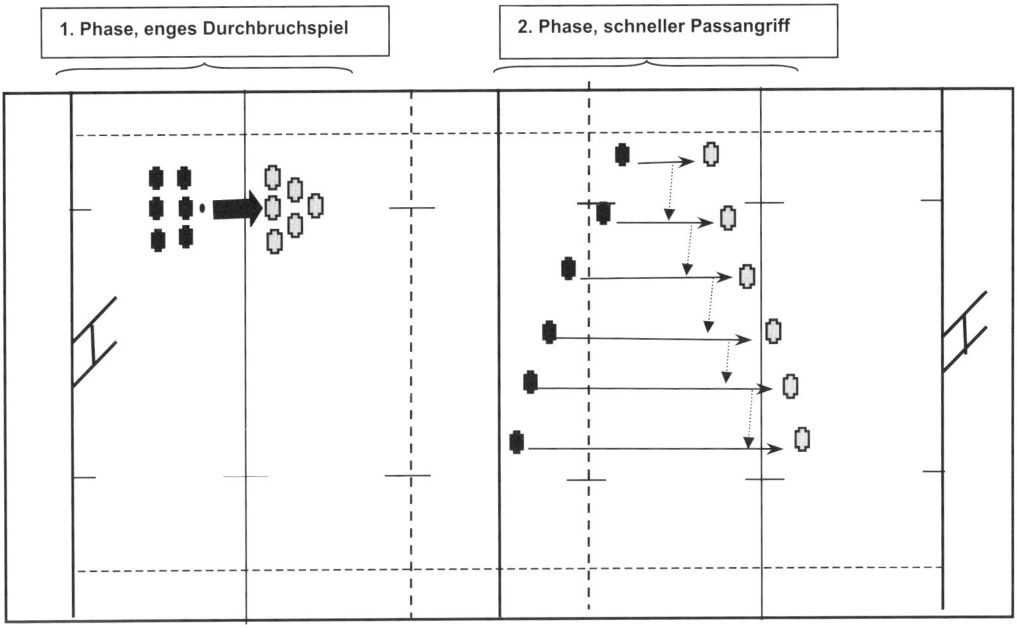

Abb. 30: Komplexübung für Sturm und Hintermannschaft, Raumgewinn durch Wechsel von Paket, Abrollen und schnellem Passangriff

Zusammenspiel mit Schwerpunkt auf

- 2-Mann-Gasse mit Abspielen zu den restlichen Stürmern - Kontaktpunkt mit offenem Gedränge – Passangriff der Hintermannschaft
- Unterstützung der Hintermannschaft durch die III Reihe-Spieler
- Taktische Kicks vom Gedrängehalb, Verbinder und I Innen, mit anschließender Ballrückeroberung durch einen der Mitspieler Spieldauer: ca. 25 Minuten

Ausklang (ca. 15 Minuten):
Dehn- und Lockerungsübungen sowie Auslaufen.

6.5.2.5.4 Varianten komplexer und wettkampfspezifischer Übungen für den Hauptteil des Trainings

Einige komplexe wettkampfspezifische Übungen, die vor allem am Anfang des Hauptteils als Varianten einsetzbar sind und nicht nur die technisch-taktische, sondern auch die rugbyspezifische Kondition verbessern sollen, sind nachfolgend zusammengestellt.

Übungsziel:
Übergang von einer Angriffsform (Passangriff) zu einer anderen (Durchbruchspiel)

Die an der Trainingseinheit teilnehmenden Spieler werden in 4 Gruppen zu je 5 Spieler aufgeteilt. Die Angreifer versuchen, durch ein enges Durchbruchspiel vor der ersten Verteidigungsgruppe (Gruppe I, Situation 1) Raum zu gewinnen, gehen dann zu einem Passangriff über (Gruppe II, Situation 2), dann wieder Durchbruchspiel (Verteidiger III, Situation 3) und wieder ein Passangriff (Verteidiger IV, Situation 4).
Dann stellen sie sich ca. 10 m vor dem gegnerischen Malfeld als Verteidiger auf, während die anderen 3 Gruppen je 1 Position nach vorne rükken, d.h. dass die erste Verteidigungsgruppe zu Angreifern wird.
(s. Abb. 31)

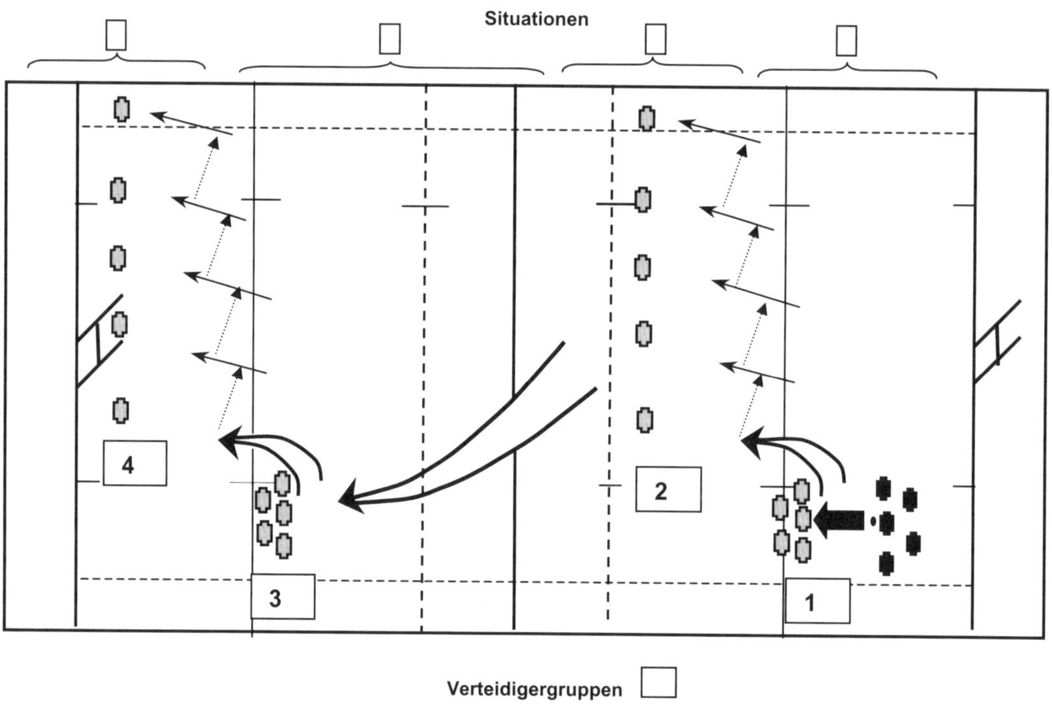

Abb. 31: Übung zum Training des Übergangs von einer Angriffsform zur anderen

Intensität: hoch
Umfang: Wiederholungsanzahl für jede Gruppe 2–4 Angriffe

Übungsziel:
Unterstützung des Ballträgers durch einen Hintermannschaftsspieler im Augenblick des Körperkontakts mit einem Gegner:
Die Spieler werden in zwei gleichstarke Gruppen aufgeteilt. Dann wird der Ball innerhalb einer Standardsituation eingeworfen und schnell zum ersten oder zweiten Innen abgespielt. Der Ballträger läuft dann direkt auf seinen Gegner zu und löst ein offenes Gedränge aus, während er Unterstützung (Ballsicherung - Ballabnahme - Schieben) von dem Mitspieler erhält, der ihm den Ball zugepasst hat (Verbinder bzw. erster Innen). Dann übernehmen die Stürmer den Ball und das Vorwärtsgehen und lösen auf der kurzen Seite noch einen Angriff aus, um den Dreiviertelspielern die Möglichkeit zu geben, sich wieder aufzustellen und in der Angriffsreihe ihre Position wieder aufzunehmen.
Nach einem zweiten Kontaktpunkt (offenes Gedränge) wird der Passangriff auf der langen Seite ausgelöst, der durch einen Versuch beendet wird. *(s. Abb. 32)*

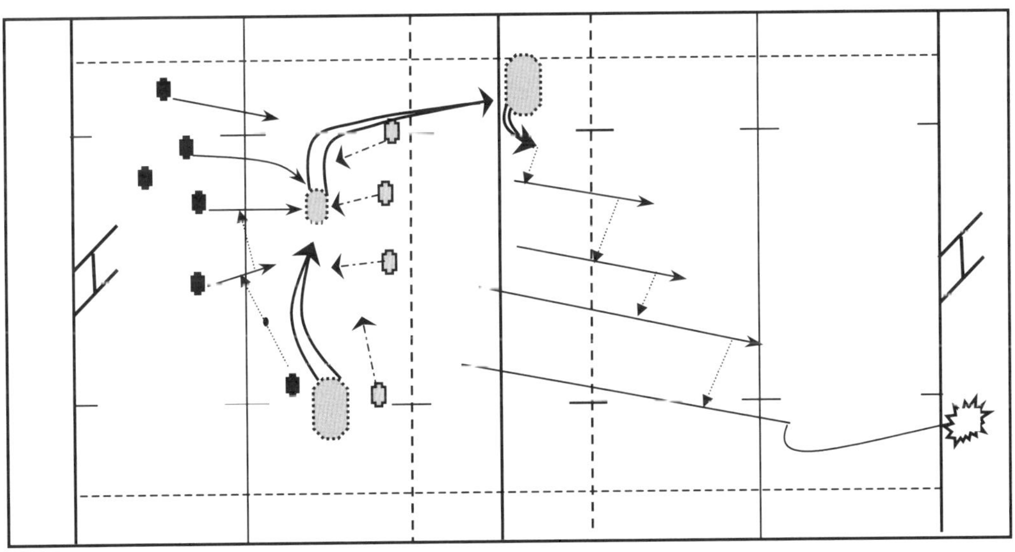

Abb. 32: Übung zum Passangriff der Hintermannschaft nach zwei Angriffsphasen der Stürmer

Übungsziel:
Übergang vom Angriff in die Verteidigung, bzw. von der Verteidigung zum Gegenangriff.
Die Angreifer sind im Ballbesitz, lösen einen Sturmangriff aus und passen den Ball anschließend bis zum Eckdreiviertel. Voraussetzung dabei ist, dass jeder Spieler den Ball berühren muss.
Der Eckdreiviertel kickt den Ball hinter die Verteidiger, diese laufen zurück und reorganisieren sich für einen Gegenangriff. *(s. Abb. 33)*

Intensität: hoch
Umfang: 6–8 Wiederholungen für jede Gruppe mit je 1–2 Minuten Pause zwischen den Wiederholungen.

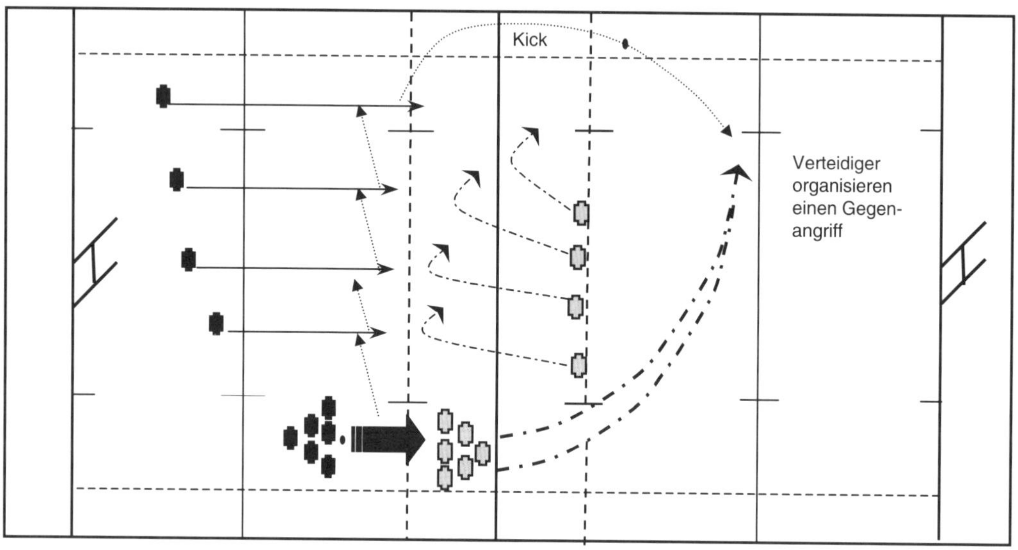

Abb. 33: Übung zum Training des Übergangs vom Angriff in eine Verteidigungssituation bzw. umgekehrt

Übungsziele:
1- Passangriff der Hintermannschaft
2- Verteidigung der Stürmer
3- Gemeinsamer Übergang zu einem Gegenangriff

Ausgangspunkt ist eine Standardsituation (Gasse oder Gedränge) in der der Ball eingeworfen und vom Gedrängehalb zur Hintermannschaft gepasst wird. Dieses ist der Augenblick, in dem die Dreiviertelreihe einen Passangriff auslöst (Überkicks sind auch erlaubt): Die Stürmer übernehmen nun die Verteidigung und versuchen den Ball zurückzuerobern.

Dabei ergeben sich zwei Situationen:

1. Entweder legt ein Dreiviertelspieler einen Versuch, und dann beginnt das Spiel wieder durch eine neue Standardsituation, oder

2. Die Stürmer tacklen den Ballträger und lösen mit dem rückeroberten Ball einen Gegenangriff aus. Dabei wechseln die Dreiviertelspieler die Angriffsseite, werden zu Mitspielern der Stürmer und lösen zusammen mit diesen einen neuen Gegenangriff aus: *(s. Abb. 34)*

Reorganisation der Hintermannschaft zum Gegenangriff

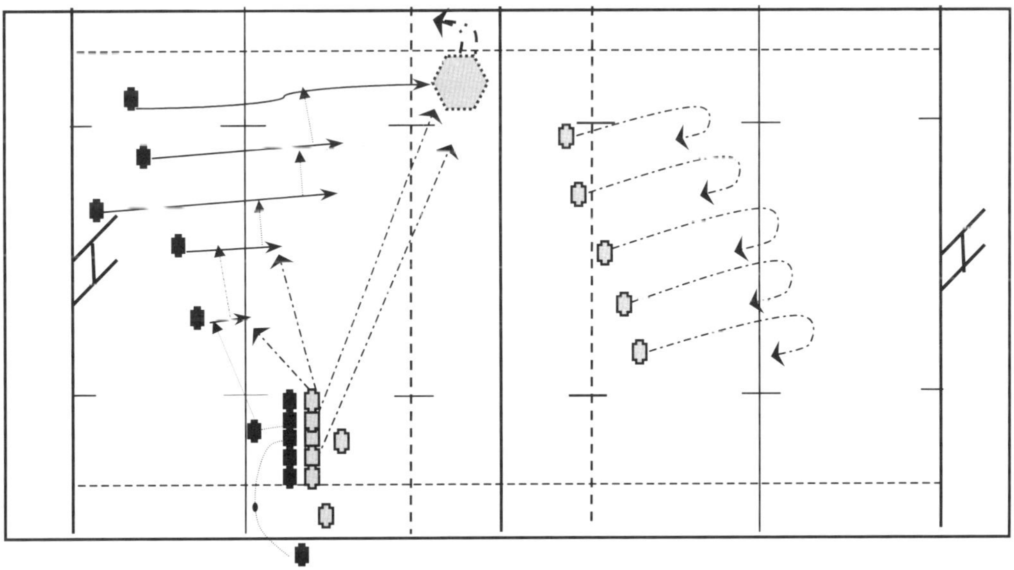

Abb. 34: Übung zum Training des Überganges von Verteidigung zum Angriff

Übungsziel:
1- Verbesserung der Ballbehandlung in Kontaktsituationen
2- Verbesserung der wettkampfspezifischen Ausdauer innerhalb von 4 Minuten-Spielsequenzen

Die Spieler werden in zwei gleichstarke Gruppen aufgeteilt, es wird bis zu einem Versuch quer über das Spielfeld gespielt. Wenn eine Mannschaft einen Versuch erzielt hat, beginnt gleich der Gegenangriff der Verteidiger. Nach deren Versuch wird eine Pause von einer Minute eingelegt. Die verteidigende Mannschaft darf den Ball nicht erobern.

Aufgabe 1: jeder Ballträger darf nur nach dem Kontakt mit einem Gegner passen
Aufgabe 2: Kontakt des Ballträgers mit einem Verteidiger - dann geht er auf den Boden und legt den Ball ab - der nächste Mitspieler nimmt den Ball auf und geht nach vorne - Kontakt – usw. bis ein Versuch erzielt wird
Aufgabe 3: Kontakt – auf den Boden gehen – passen
Aufgabe 4: Kontakt – auf den Boden gehen – den Ball ablegen - der erste Unterstützer steigt mit einem Fuß über Ball und Mitspieler - der nächste Angreifer nimmt den Ball auf und passt ihn einem Mitspieler zu
Aufgabe 5: Die ersten 4 Aufgaben abwechselnd und situationsgemäß lösen
Aufgabe 7: Die Verteidiger dürfen auch den Ball erobern. Ein Ballträger darf nur nach einem Kontakt mit dem Verteidiger passen. Wenn der Ball unbespielbar wird, soll sofort ein zweiter Ball eingeworfen werden und das Spiel wird mit diesem fortgesetzt.

Intensität: maximal
Umfang: 4–5 Spielsequenzen zu je 4 Minuten
Pause: je 3 Minuten nach jeder Spielsequenz

Um die Spielsequenzen nicht unnötig zu unterbrechen, sollte der Trainer kein unabsichtliches „vor“ abpfeifen, auch nicht die unabsichtliche Abseitsposition. Durch den Einwurf eines zweiten Balles kann eine statische Situation wieder dynamisiert und damit die Kontinuität gesichert werden. Auch werden unnötige Diskussionen über Regelauslegungen mit den Spielern vermieden und durch die schnellen Wiederaufstellungen der Rollenwechsel gefördert.

Übungsziel:

1- Angriffsoptionen in Überzahlsituationen

2- Verteidigung gegen einen Angriff in Überzahl

Die Spieler (20–30) werden in zwei gleichstarke Mannschaften eingeteilt. Die Angreifer stellen sich in der Nähe der eigenen Mallinie auf, während sich die verteidigende Mannschaft in drei Gruppen teilt. Die erste Gruppe stellt sich auf der 22 m-Linie auf, die zweite auf der Mittellinie und die dritte auf der gegenüberliegenden 22 m-Linie

Spielbeginn: Der Trainer kickt den Ball den Angreifern zu und diese versuchen, an der ersten Verteidigergruppe (V1) vorbei, den Ball über die Vorteilslinie zu bringen (15 gegen 5).
Anschließend wird die zweite Verteidigergruppe (V2) angegriffen, die jedoch Verstärkung von der ersten (V1) erhält (Spielsituation 15 gegen 10). Nachdem der Ball auch über die Mittellinie getragen wurde, orientiert sich der Angriff gegen die dritte Verteidigungsgruppe (V3), die auch von den ersten beiden Gruppen (V1 und V2) Unterstützung erhält (Spielsituation 15 gegen 15). Die Angreifer versuchen nun einen Versuch zu legen, anschließend werden die Rollen getauscht. *(s. Abb. 35)*

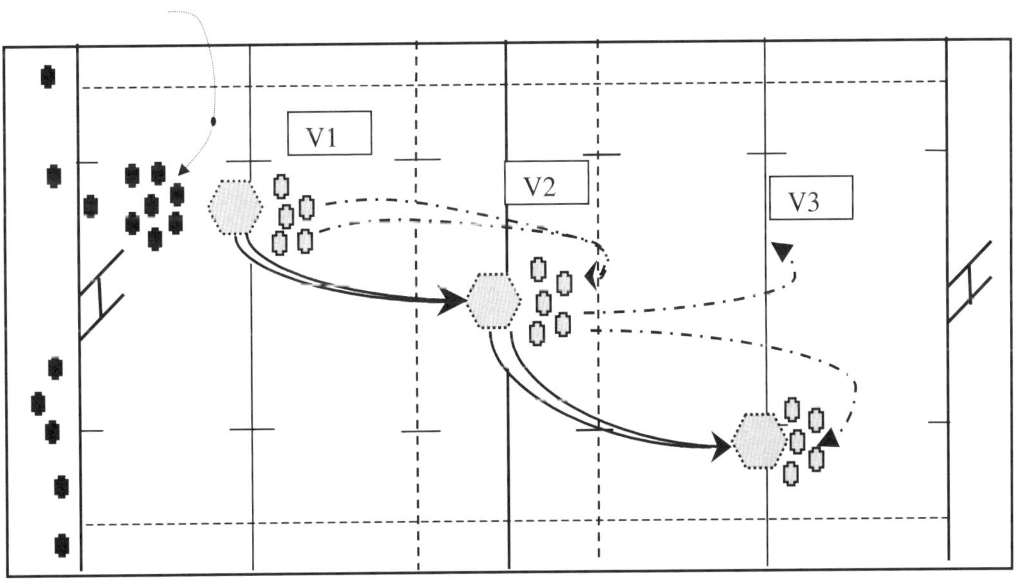

Abb. 35: Übung von Überzahlangriffen, bzw. Verteidigung der Überzahlangriffe

Weitere Varianten des Trainingshauptteils mit dem Übungsziel: Zusammenspiel Stürmer – Hintermannschaft innerhalb von langen Spielsequenzen

1. Mittellinie-Antritt für die Gegner – Paket – Abspielen zum Gedrängehalb – Angriff auf der kurzen Seite mit dem Schluss und dem Eckdreiviertel – offenes Gedränge – Passangriff auf der langen Seite

2. Gasse – Einwurf nach hinten – enges Durchbruchspiel mit zwei Pässen – offenes Gedränge, dann Umwandlung des Durchbruchspiels in einen Passangriff – Abspiel über die Stationen: Gedrängehalb (9) – Verbinder (10)– Erster Innen (12)- Schluss (15)- Eckdreiviertel (14), der Eckdreiviertel der kurzen Seite (11) sichert hinten ab. Der Schluss (15) und der zweite Innen (13) sind die ersten Unterstützer des Eckdreiviertel (14), dann übernehmen die Stürmer die Kontinuität des Angriffs (deren Lauflinien und Aufgaben am Kontaktpunkt sollen genau definiert werden). Dann enges Durchbruchspiel der Stürmer mit anschließendem Passangriff auf der langen Seite.

3. Gedränge und Abspielen zum Gedrängehalb (9) – Verbinder (10) – (12), mit anschließendem Durchbruch und Ballübergabe an die unterstützenden Stürmer – Übernahme mit engem Durchbruchspiel – offenes Gedränge – gefolgt von Passangriff der Dreiviertelreihe.

4. Gasse – Abspielen zum Gedrängehalb (9) – Verbinder (10) der den Ball hoch kickt – Ballrückeroberung durch einen der Innen (12 oder 13) – offenes Gedränge der Stürmer – enges Durchbruchspiel – Passangriff zum Eckdreiviertel: Wenn sich dieser in der Nähe der Mallinie befindet, legt er den Ball zu einem Versuch ab, wenn nicht, löst er noch eine Angriffssequenz aus, indem er den Ball den Stürmern übergibt – diese lösen während dem Durchbruch ein offenes Gedränge aus – gefolgt von Abspiel zum Gedrängehalb (9) und Passangriff der Dreiviertelreihe auf der langen Seite – Versuch.

5. Straftritt – entsprechender Spielzug zum Binden der gegnerischen Stürmer – offenes Gedränge – Passangriff.

6. Gasse – Einwurf nach hinten – Abspielen zum Gedrängehalb (9) – Verbinder (10) – Passangriff über alle Stationen bis zum Eckdreiviertel (14), – der Schluss unterstützt von innen (15) und übernimmt den Ball den er dem erstangekommenen Stürmer zuspielt - offenes Gedränge mit 3 – 4 Stürmer – noch ein Durchbruch und offenes Gedränge mit den nächsten 4 – 5 Stürmer – Passangriff der Hintermannschaft auf die gegenüberliegende Seite zu.

7. Gedränge – Gedrängehalb (9) – Verbinder (10) – Erster Innen (12) – Durchbruchsversuch, der Ball geht in der Kontaktsituation verloren – schnelle Umstellung auf Verteidigung vor dem Gegenangriff.

8. 2-Mann-Gasse – Abspielen zum Gedrängehalb (9) – Sturmangriff und Binden der gegnerischen Stürmer – offenes Gedränge – Angriff auf der kurzen Seite mit einem der Stürmer – dem Schluss (15) – dann dem Eckdreiviertel – die anderen Stürmer übernehmen den Ball nach innen und lösen ein offenes Gedränge aus – Passangriff auf die lange Seite zu.

7 Begleitende Maßnahmen

Begleitende Maßnahmen zur pädagogischen, sozialen und sportmedizinischen Betreuung sind unerlässlich, wenn Kinder und Jugendliche an den Leistungssport herangeführt werden oder bereits leistungsportlich tätig sind. Diese generelle Forderung nach Begleitmaßnahmen lässt sich jedoch in der Praxis meistens nur individuell lösen, da Sporttreiben stets in einem jeweils spezifischen Umfeld stattfindet. Neben den genannten Bereichen sind Maßnahmen zur Leistungsdiagnostik sowie zur Qualifizierung von Übungsleitern und Trainern zu bedenken.

individueller Ansatz

7.1 Pädagogische Betreuung

Die mit steigendem sportlichem Leistungsniveau anwachsende Trainings- und Wettkampfbelastung tritt in einem Altersabschnitt auf, in dem auch schulische Verpflichtungen einen erheblichen täglichen Zeitanspruch erfordern. Gleichzeitig ist zu berücksichtigen, dass gerade im Kindes- und Jugendalter auch Zeit für private Interessen und für die sogenannte unorganisierte Freizeit zur Verfügung stehen muss. Das Problem stellt sich für Kinder und Jugendliche dahingehend, alle Verpflichtungen, Interessen und Neigungen zu koordinieren, so dass ihnen subjektiv und objektiv keine schulischen und sozialen Nachteile erwachsen. Von entscheidender Bedeutung ist, dass bei einem vertrauensvollen Zusammenwirken von Trainer, Eltern und Sportler

parallel steigende schulische und sportliche Belastung

- dem Sportler Hilfen angeboten werden, bei einem grundsätzlichen Vorrang der Schule vor allem auch seinen sportlichen Neigungen nachzukommen,
- der Sportler jedoch auch lernt, seinen Tagesablauf zu organisieren, was auch beinhaltet, ggf. andere private Interessen gegen den Sport abzuwägen.

Maßnahmetypen

Bei der Art und Anwendung dieser Hilfen sind drei Maßnahmetypen zu unterscheiden:

1. **Organisatorische Maßnahmen** wie wohnortnahes Trainings- und Wettkampfangebot, Transporthilfen und Bereitstellen von Räumlichkeiten und Sportplätzen.

2. **Pädagogische Maßnahmen** wie Beratung von Eltern/Sportlern, Betreuung von Sportlern bei Hausaufgaben oder in Form von Nachhilfe-/Stützunterricht.

3. **Koordinationsmodelle Schule und Sportverein** (Koordination an Schulen)
   Diese Maßnahmen berühren den außersportlich – schulischen Bereich und dienen der Sicherung der Schullaufbahn.
   Bei allen Maßnahmen zur begleitenden pädagogischen Betreuung ist zu bedenken, dass sie in Abhängigkeit von den jeweils individuell auftretenden Problemen sowie unter Berücksichtigung örtlicher Organisationsstrukturen zu realisieren sind.

7.2 Soziale Betreuung

Die soziale Betreuung ist für die Kontinuität der Leistungsentwicklung sehr wichtig. Insbesondere Nachwuchsathleten, die das D-Kader-Niveau erreicht haben, müssen als mögliche Zielgruppe aufgefasst werden, da soziale Hilfen der besonderen sportlichen Situation und Belastung wie auch dem allgemeinen Umfeld der Sportler (außergewöhnliche Belastungen außerhalb des Sports z. B. durch schulische Abschlüsse und Berufsausbildung) Rechnung tragen, da durch den Rugbysport keine soziale Absicherung erreicht werden kann und die sportlichen Karrieren deshalb nur relativ kurz sind.

Zielgruppe

Idealtypisch lassen sich folgende Maßnahmen unterscheiden:

1. **Ideelle Hilfen**
   Unter ideellen Hilfen sind solche Maßnahmen zu verstehen, die die Anliegen des Sportlers im Hinblick auf ein Nebeneinander von Sport und Ausbildung/Beruf ohne (un)mittelbare finanzielle Leistung unterstützen. Dies kann umfassen:

   - Unterstützung bei der Suche nach einer Schule mit sportlichem Schwerpunkt;
   - Hilfe bei der Suche nach Wohnmöglichkeiten (Gastfamilien);
   - Pflege regelmäßiger Kontakte zu Lehrern, zur Schulleitung und den Eltern;
   - Steuerung der gesamten Karriereplanung durch einen Mentor;
   - Unterstützung der auf den Sport bezogenen Anliegen des Athleten gegenüber dem jeweiligen Arbeitgeber bzw. der Schule (z. B.

Beurlaubung für Lehrgangsmaßnahmen des Verbandes oder nationale/internationale Wettkämpfe);
  - Unterstützung des Sportlers bei der Beantragung der Eingliederung in Sportfördergruppen der Bundeswehr bzw. einer entsprechenden Zivildienststelle.

2. **Materielle Hilfen**
   Materielle Hilfen sind mittelbare oder unmittelbare finanzielle Leistungen an den Sportler in Form von
   - Sicherstellung der dem Leistungsstand adäquaten sportlichen Betreuung des Athleten.
   - Beihilfen für eine sportmedizinische Betreuung und für Maßnahmen der Regeneration, sofern diese über den zum jeweils aktuellen Zeitpunkt durch öffentliche Sportverwaltung oder Verwaltung des freien Sports gewährten Betreuungsstandard hinausgehen und nicht z. B. durch Krankenkassenleistungen abgedeckt werden können.
   - finanziellen Beiträgen zu trainingsbedingten Fahrtkosten.
   - finanzieller Hilfe zur Benutzung von Sportanlagen bzw. zur Anschaffung besonderer Trainingsmaterialien/-geräte.
   - Ersatzleistungen für sportbedingte Beurlaubungen durch den Arbeitgeber, sofern hierfür keine Lohn- und Gehaltszahlungen gewährleistet werden (Stichwort: Sporthilfe)

7.3 Medizinische Betreuung

Aufgaben

Eine sportmedizinische Betreuung im Rahmen des Leistungssports hat zur Aufgabe
- vor Verletzungen und Krankheiten zu schützen,
- bei Überlastungsschäden, Erkrankungen und Verletzungen eine optimale Behandlung zu gewährleisten,
- eine langfristige Leistungsentwicklung optimal zu unterstützen.

Nur eine frühzeitige wie auch ständige sportmedizinische Betreuung lässt eine gute Leistungsentwicklung erwarten. Eltern, Betreuer, Übungsleiter und Trainer tragen in diesem Zusammenhang eine große Verantwortung für ihre Sportler.

rugbytypische Verletzungen

Rugbyypische Verletzungen sind Kontusionen sowie Dehnungen von Gelenkkapseln, Bändern, Sehnen und Muskelfasern. Die am häufigsten betroffenen Gelenke sind Knie-, Schulter- und oberes Sprunggelenk. Beim

Kniegelenk entstehen besonders Seitenband-, Meniskus- und Kreuzbandverletzungen.
Vorbeugende Maßnahmen sind gute Aufwärmarbeit, Beweglichkeitstraining, konditionelle Ausbildung, aber auch einwandfreie Technik und Rücksicht auf Mitspieler und Gegner.
Vor allem bei den Stürmern der ersten beiden Reihen sollen Fehlbelastungsschäden durch den hohen Druck auf die Wirbelsäule vermieden werden. Deshalb dürfen Spieler mit diagnostizierten Wirbelsäulenschäden wie Skoliosen oder Kyphosen nicht auf diesen Positionen eingesetzt werden.

Alle an der sportlichen Entwicklung Beteiligten sollten folgende Aspekte gründlich bedenken:
- Einschränkungen der sportlichen Eignung im Bereich der Gesundheitsbeurteilung bedeuten nicht automatisch auch das Auftreten von Sportschäden – vorausgesetzt das Training wird langfristig geplant und entsprechend dosiert und sportmedizinisch betreut.
- Eine Gesundheitsbeurteilung ohne Befund schließt aber auch Schäden nicht aus, die z. B. durch falsche Trainingsbelastungen (einseitiges Training, z. B. früher Beginn des Krafttrainings mit Fremdgewichten) oder mangelnde bzw. schlechte sportmedizinische Betreuung verursacht werden können.
- Vorsorgeuntersuchungen oder nur einmalig durchgeführte Untersuchungen geben keinen Aufschluss über die Entwicklung des Sportlers (z. B. Problematik 1. puberale Phase).
- Langzeitbeobachtungen sind nicht nur für den einzelnen Sportler, sondern für die jeweilige Sportart sehr aufschlussreich.

Gesundheitsbeurteilung

Der Gesundheitsbeurteilung kommt somit im Rahmen der sportmedizinischen Betreuung eine zentrale Bedeutung zu. Das Minimalpro gramm ist unabdingbar für jeden und über den sportmedizinisch interessierten Hausarzt zu erreichen. Im weiteren Verlauf greifen in Abständen entsprechend spezielle sportmedizinische Maßnahmen.
Um gesundheitliche Risiken durch das Betreiben von Sport auf ein Minimum zu reduzieren gilt:
- Regelmäßige sportmedizinische Betreuung;
- Jährliche sportmedizinische Untersuchung um die Leistungsentwicklungl zu unterstützen, um Überbelastungsschäden und Verletzungen vorzubeugen oder sie optimal zu behandeln;
- Sportverletzungen ausheilen lassen, nicht zu früh ins Training wiedereinsteigen.

7.4 Leistungsdiagnostische Maßnahmen

Innerhalb der DRJ gibt es zur Zeit nur für die Altersklasse der Junioren eine Testbatterie, die die wichtigsten konditionellen Fähigkeiten objektiviert. Dabei wird die Grundschnelligkeit über 50 m-Läufe, die Schnellkraft über den Zehnsprung, die Grundlagenausdauer durch den Cooper-Test (12-Minuten-Lauf) und die Maximalkraft im Oberkörperbereich durch Bankdrücken gemessen.

Die DRJ wird eine Testbatterie mit Orientierungswerten für die einzelnen Altersklassen ausarbeiten und den einzelnen Landesverbänden zur Verfügung stellen. Darüber hinaus werden leistungsphysiologische Untersuchungen und standardisierte Testverfahren zur Beurteilung der Ausdauerleistungsfähigkeit innerhalb der sportmedizinischen Untersuchung entwickelt. Anhand der regelmäßig durchgeführten Testverfahren und der dabei erzielten Daten kann dann die Trainingsplanung in ihrer Wirksamkeit überprüft und ggf. neu angepasst werden.

Perspektiven

In Vorbereitung ist auch ein rugbyspezifischer Test, der die Leistungsentwicklung im technischen und koordinativen Bereich überprüft. Dafür wird ein entsprechender Parcours eingerichtet, der periodisch absolviert werden soll.

Die bei den einzelnen Kader schon stattfindenden regelmäßigen Videoanalysen der Vorbereitungs- und Länderspiele bieten zusätzliche Möglichkeiten das spielerische Niveau einzuschätzen. Die Zusammenfassung dieser objektiven und subjektiven Grundlagen erlauben die Ermittlung des aktuellen Leistungsstands und somit die weitere Trainingsplanung.

7.5 Fortbildungsmaßnahmen

Die Fortbildung und Qualifizierung der Trainer erfolgt auf zwei Ebenen:

1. **Zentrale Maßnahmen** als vom DRV und der DRJ geplante und durchgeführte Weiterbildungsveranstaltungen: pro Jahr 1 Aufbau- und 1 Fortbildungslehrgang für A-Trainer.
2. **Auf Landesverbandsebene**: - in Zusammenarbeit mit dem Bundestrainer - vor allem an Nachwuchsproblemen orientiert: 1 Aufbau- und ein Fortbildungslehrgang für Trainer B und C.

Lizenzausbildung

Laut der „Rahmen-Richtlinien für die Ausbildung im Bereich des DRV“, ist die Lizenzausbildung darauf ausgerichtet, auf der Grundlage praktischer Erfahrungen und theoretischer Erkenntnisse:

- Sport in seinen vielfältigen Formen und differenzierten methodischen Vermittlungsverfahren (z.B. Kurse, Training) gestalten zu können;
- die pädagogischen Möglichkeiten des Sports zielgruppenorientiert einsetzen zu können;
- die Rolle des Sports für die Gestaltung des Lebens zu begreifen;
- die Notwendigkeit ständiger Fort- und Weiterbildung zu erkennen und im Hinblick darauf unterschiedliche Angebote wahrzunehmen;
- Sport in gesellschaftlichen Zusammenhängen zu sehen.

regelmäßige Fort- und Weiterbildung

Mit dem Erwerb einer Lizenz ist der Ausbildungsprozess jedoch nicht abgeschlossen. Die notwendige zeitliche und inhaltliche Begrenzung der jeweiligen Ausbildungslehrgänge macht eine regelmäßige Fort- und Weiterbildung notwendig.

Ihre Ziele sind:

- Ergänzung und Vertiefung der bisher vermittelten Kenntnisse, Fertigkeiten und Fähigkeiten;
- Aktualisierung des Informationsstandes und der Qualifikation;
- Erkennen und Umsetzen von Entwicklungen des Sports;
- Erweiterung der Kenntnisse, Fertigkeiten und Fähigkeiten zu einem weiteren eigenständigen Profil im Rahmen der bestehenden Ausbildungsgänge.

Die Fort- und Weiterbildungsveranstaltungen werden von den jeweiligen Trägern der Ausbildungsmaßnahmen regelmäßig angeboten.

8 Kindgemäßer Wettkampf

Rugby-Varianten

Die Möglichkeit für Kinder im Vorschulalter sowie im frühen Schulkindalter ohne Körperkontakt zu spielen (Touch-Rugby oder OK- Rugby) setzt sich in den letzten Jahren vor allem dank der Arbeit der Schulsportbeauftragten des DRV durch. Damit soll verhindert werden, dass Kinder ohne eine gute technische und konditionelle Ausbildung weder unnötige Sportverletzungen erleiden, noch frühzeitig diese Sportart demotiviert verlassen. Auch wurden die Minirugbyvarianten des 8er, 10er und 12er Spiels von der DRJ als den Bedürfnissen der einzelnen Altersklassen entsprechende Wettkampfformen entwickelt.

Problemansatz

Während die D- und C-Schüler vergleichsweise gute Leistungen zeigen und auf internationalen Minirugbyturnieren bestens abschneiden, sinkt das Vergleichsniveau im B- und A-Schülerbereich, um dann in den oberen Altersklassen ganz abzufallen. Als Hauptursachen sind die zu frühe Spezialisierung, das perfektionistische Üben von Spielzügen sowie eine falsche Schwerpunktsetzung auf die Mannschaftsvorbereitung in den ersten Förderstufen anzusehen.

Leider werden immer noch viel zu oft kurzfristige Erfolge angestrebt, die taktischen Pläne auf die Leistungsträger und „Akzelerierten" hin gestaltet und somit eine breite Basisarbeit vernachlässigt.

Altersgemäßheit

Dadurch werden die meisten Jugendlichen unflexibel und begrenzt in ihrer technisch-taktischen Möglichkeiten, die Leistungsträger reißen immer mehr das Spiel an sich, während die Schwächeren mehr und mehr den Anschluss und die Lust verlieren. Möglichkeiten, diesen Nachteilen zu begegnen, sind in den vorausgegangenen Kapiteln ausführlich dargestellt. Auch die Durchführung von Minirugbyveranstaltungen mit reduzierter Spieleranzahl, Spielzeiten und Spielfeldgröße, die den einzelnen

Zusatzwettbewerbe

Altersklassen angepasst sind, ist beschrieben worden. Innerhalb dieser Veranstaltungen sollten auch altersgemäße Athletik- und Technikwettbewerbe organisiert werden, in denen die konditionellen und koordinativen Leistungen zur Geltung kommen können.

Literaturverzeichnis

9

- Auckland R.U.: – Rugby Skills – Development Using Grids. 1992.
- G. Bach und Mitarbeiter: Hockey Rahmentrainingskonzeption für Kinder und Jugendliche im Leistungssport.
- DRV, Rugby-Verband Baden-Württemberg (Hrsg.): Die Spielregeln des Schüler-Rugbys (D, C, B und A) und Variationen für Jugend U 16, Junioren U 19. Hannover/Heidelberg 1995.
- DRV (Hrsg.): Rugby für die Schule. Hannover 2000.
- M. Grosser, F. Zintl: Training der konditionellen Fähigkeiten. 1994. Studienbrief 20 der Trainerakademie Köln.
- D. Harre: Trainingslehre. 1975.
- P. Hirtz: Koordinativ-motorische Vervollkommnung der Kinder und Jugendlichen, in: Körpererziehung im jüngeren Schulalter. 1979.
- P. Hirtz: Koordinative Fähigkeiten im Schulsport. Berlin 1988.
- W. Hollmann, Th. Hettinger: Sportmedizin - Arbeits- und Trainingsgrundlagen. 1976.
- K. Hottenrott: Ausdauertraining. 1994.
- D. Kuhn, M. Rosenstein: - Rugby: Kampf in Gasse und Gedränge. Berlin 1995.
- LandesSportBund NRW und Ministerium für Arbeit, Soziales und Stadtentwicklung, Kultur und Sport NRW (Hrsg.): Landesprogramm „Talentsuche und Talentförderung in Zusammenarbeit von Schule und Verein/Verband". 1999.
- M. Letzelter: Trainingsgrundlagen. 1980.
- J. Lippmann, M. Pagels: Gewichtheben - Rahmentrainingskonzeption für Kinder und Jugendliche im Leistungssport.
- J. Macon: Recueil de jeux preparatoires au rugby. FFR 1986.
- H. de Marées, J. Mester: Sportphysiologie. 1991.

- D. Martin: Training im Kindes- und Jugendalter, Studienbrief der Trainerakademie Köln des DSB. Studienbrief 23. 1988.
- J-Y. Nérin, M. Peyresblanques: Rugby, entrainement technique et tactique, 1991.
- L. Smith: Trainerhandbuch. IRB 1999
- S. Starischka: Trainingsplanung. Studienbrief 19. Schorndorf 1988.

ANHANG

10

I Sachregister (Glossar)

Barbarians RFC: Berühmter Rugby Club ohne eigenen Platz oder Mannschaft. Wurde 1948 in Cardiff (Wales) mit dem Zweck gegründet, den Zuschauern qualitativ hochwertiges Spitzenrugby zu präsentieren. Das Team rekrutiert sich aus den besten Spielern der britischen Inseln sowie bis zu drei Ausländern und einem Nichtnationalspieler.

Bodenroller: Tritt, bei dem der Ball flach gehalten wird, um durch zeitweiligen Bodenkontakt einen für den Gegner schwer berechenbaren Verlauf zu nehmen. Bei der Ausführung muß sich der Kicker mit dem Oberkörper weit über den Ball beugen und ihn mit dem Spann treffen.

British Lions: Aus Spielern der Länder England, Schottland, Wales und Irland zusammengesetzes Auswahlteam, das nur außerhalb der britischen Inseln gegen andere Mannschaften antritt.

Deutsche Rugby-Jugend (DRJ): Jugendverband innerhalb des Deutschen Rugby- Verbandes.

Deutscher Rugby-Verband (DRV): Dachverband der Rugbyvereine Deutschlands. Wurde am 4. November 1900 in Kassel gegründet, z.Z. 104 Mitgliedsvereine.

Dropkick (Sprungtritt): Kickvariante, bei welcher der Ball kurz bevor er getreten wird, den Boden berühren muss. Mittels eines Dropkicks über die Querstange können 3 Punkte erzielt werden.

Erhöhung: Mittels Erhöhung kann eine Mannschaft im Anschluss an einen Versuch durch einen Platz- oder Dropkick aus dem Spielfeld 2 zusätzliche Punkte erzielen.

Falltritt: Kicktechnik, bei welcher der Ball aus beiden Händen heraus auf den Tritt ausführenden Fuß fallengelassen wird. Der Ball muss bei gestrecktem Fuß mit dem Spann getroffen werden. Im offenen Spiel dient der Falltritt zum Raumgewinn, wobei der Ball weit in Richtung des gegnerischen Malfeldes getreten wird. Nach einem Straftritt kann er ins Seitenaus getreten werden, wobei die eigene Mannschaft auch den Vorteil des Einwerfens hat.

Fänger: Stürmer, der die Aufgabe hat, den eingeworfenen Ball in der Gasse für die eigene Mannschaft zu fangen.

FIRA/AER: Vereinigung der einzelnen Rugbyverbände, die 1934 auf Betreiben des französischen und des deutschen Rugbyverbandes gegründet wurde.
Seit 1999 Europäischer Verband und regionaler Vertreter bei dem International Rugby Board.

Foulspiel: Unerlaubte Behinderung eines Spielers, unfaires oder gefährliches Spiel sowie schlechtes Benehmen gelten als Regelverstöße, die mit Straftritt, Strafversuch oder Spielausschluss geahndet werden können.

Fünfzehner - Rugby: Die „klassische" Variante des Rugbysports, bis 1996 noch eine 100% Amateursportart. Parallel dazu werden noch die 13er, 10er und vor allem die 7er - Varianten gespielt.

Gruppenkampf (angeordnetes und offenes Gedränge, Gasse und Paket): Statische sowie dynamische Situationen in denen mehrere Spieler beider Mannschaften (in der Regel Stürmer) versuchen, aneinander gebunden, den Ball für die eigene Mannschaft zu erobern.

Hintermannschaft: Mannschaftsteil das sich aus den Spielern mit den Rückennummern 9-15 zusammensetzt. Die Hauptaufgabe der Hintermannschaft besteht darin, den Ball durch schnelles Lauf-, Pass- und Kickspiel nach vorne zu tragen.

International Rugby Board (IRB): Der IRB wurde 1887 von den nationalen Verbänden Englands, Schottlands und Wales gegründet. Ihm sind heute alle existierenden Dachverbände angeschlossen. Zu den Hauptaufgaben des IRB gehören u.a. die weltweite Verbreitung des Rugbysports, der Entwurf und die Durchsetzung von Regeländerungen und die Organisation der Weltmeisterschaft. Deutschland wurde 1988 Mitglied der IRB zur Zeit gibt es 93 Mitgliedsverbände.

Malfeld: Zielzone des Rugbyspielfeldes, in welcher der Ball niedergelegt werden soll. Das Malfeld erstreckt sich am Ende des Spielfelds über dessen gesamte Breite und hat eine Tiefe von bis zu 22 m.

Mallinie: Grenzt Spiel- und Malfeld voneinander ab.

Nummerierung der Spieler:
Stürmer: 1- Erste Reihe links; **2**- Hakler; **3**- Erste Reihe rechts; **4** - Zweite Reihe links; **5**- Zweite Reihe rechts; **6**- linker Drittereihe - Außenstürmer; **7**- rechter Drittereihe - Außenstürmer; **8**- Drittereihe - Mittelstürmer.

Dreiviertelspieler: 9- Gedrängehalb; **10**- Verbinder; **11**- linker Außendreiviertel; **12**- erster Innenspieler; **13**- zweiter Innenspieler; **14**- rechter Außendreiviertel; **15**- Schlussspieler.

Sturm: Mannschaftsteil das sich aus den Spielern mit den Rückennummern 1-8 zusammensetzt. Die Hauptaufgabe der Stürmer besteht darin, den Ball aus Standardsituationen zu erobern, in dynamischen Gruppenkämpfen teilzunehmen, sowie den Ball durch direktes Durchbruchspiel nach vorne zu tragen.

Sechs Nationen Turnier: Internationales, seit 1910 jährlich zwischen Januar und März stattfindendes Turnier mit Beteiligung der Nationalmannschaften von England, Schottland, Irland, Wales, Frankreich und, seit 2000 Italien.

Tackling (Halten): Technik, mit der ein Angreifer sicher und gefahrlos gestoppt und zu Boden gebracht werden kann. Der Verteidiger umfasst den Ballträger dabei in Oberschenkel- bis Brusthöhe mit beiden Armen, presst gleichzeitig Kopf und Schulter an dessen Körper und zieht ihn dann zu Boden.

Überkick: Tritttechnik, bei welcher der Ball so über einen Verteidiger getreten wird, dass der Angreifer ihn nach Umlaufen des Verteidigers wieder unter Kontrolle bringen kann.

II Grundregeln (Stand Dez. 2000)

Abseits:

A. Im normalen Spiel
ist ein Spieler in Abseitsposition, wenn er sich **vor** dem Ball befindet, den ein anderer Spieler seiner Mannschaft zuletzt gespielt hat. Der Schiedsrichter unterbricht das Spiel jedoch nur, wenn ein Spieler aus dieser Position heraus in das Geschehen eingreift oder den Spielverlauf auf irgendeine Weise beeinflusst. Für Standardsituationen (s. Abseits an Gasse und Gedränge)und dynamische Gruppenkämpfe (s. Abseits am offenes Gedränge und Paket) gelten besondere Abseitsbestimmungen.

B. Am Gedränge
ist jener Spieler abseits der sich nicht im Gedränge befindet und nicht einer der beiden Einwerfer ist, wenn er sich nicht hinter die Abseitslinie begibt oder einen Fuß vor die Abseitslinie setzt, während sich der Ball im Gedränge befindet. Die **Abseitslinie** ist eine gedachte Linie, die durch den letzten Fuß einer Mannschaft im Gedränge parallel zu den Mallinien verläuft.

C. Am offenen Gedränge oder Paket
darf ein Spieler nicht vor dem letzten Spieler seiner eigenen Mannschaft hineingehen. Wenn er nicht an diesem Gruppenkampf teilnimmt, oder ihn verlässt, muss er sich unverzüglich hinter die Abseitslinie begeben.

D. An der Gasse
ist ein Spieler, der nicht an der Gasse teilnimmt, abseits, wenn er vor Beendigung der Gasse mit einem Fuß die Abseitslinie überschreitet. Der Begriff **Abseitslinie** bedeutet hier eine Linie **10 Meter hinter der Gassenlinie** parallel zu den Mallinien oder, wenn die Mallinie weniger als 10 Meter von der Gassenlinie entfernt ist, ist die Mallinie die Gassenlinie. **Die Abseitszone** wird von den beiden Abseitslinien begrenzt. Das Betreten der Abseitszone durch die nicht an Gruppenkämpfen beteiligten Spieler wird mit einem Straftritt geahndet.

Angeordnetes Gedränge: Gruppenkampf, der nach einem Vorpass, einem unbeabsichtigten Vorwurf oder einem leichten Regelverstoß (z.B. unbeabsichtigtes Abseits) angeordnet wird.
8 Spieler jeder Mannschaft (3 beim 7er Rugby) sind erforderlich, um ein Gedränge zu bilden und die Anzahl der Spieler darf sich während des Gedränges nicht erhöhen. Diese Spieler müssen gebunden bleiben, bis das Gedränge beendet ist. In einer ersten Reihe müssen sich zu jeder Zeit 3 Spieler befinden. Von einer Mannschaft dürfen in der ersten Reihe nicht zwei Köpfe unmittelbar nebeneinander sein (Straftritt).

Antritt: Der Antritt ist a) ein Platztritt vom Mittelpunkt der Mittellinie und wird von der Mannschaft, die das Spiel beginnt, bzw. von der gegnerischen Mannschaft nach der Halbzeitpause ausgeführt, oder b) ein Sprungtritt von oder hinter dem Mittelpunkt der Mittellinie von der verteidigenden Mannschaft, nachdem die gegnerische Mannschaft einen Erfolg erzielt hat.
Variation für 7er-Rugby: b): ein Sprungtritt von oder hinter dem Mittelpunkt der Mittellinie von der Mannschaft, die einen Erfolg erzielt hat.
Der Ball muss die gegnerische10m-Linie erreichen, sonst soll nach Wahl des Gegners der Tritt wiederholt werden oder am Mittelpunkt der Mittellinie ein Gedränge stattfinden, es sei denn, der Ball wird zuerst vom Gegner gespielt.

Berechnung und Arten der Erfolge: Ein Versuch ist erzielt, wenn der Ball im gegnerischen Malfeld niedergelegt wird. Ein Strafversuch soll zugesprochen werden, wenn er wahrscheinlich erzielt worden wäre, aber durch Foulspiel der gegnerischen Mannschaft verhindert wurde.

Ein Versuch	5 Punkte
Eine Erhöhung nach einem Versuch	2 Punkte
Ein Treffer nach einem Straftritt	3 Punkte
Ein Treffer nach einem Sprungtritt	3 Punkte

Binden: Spieler, die sich auf den Füßen stehend, an einem Gruppenkampf mit den Gegnern beteiligen, müssen mit Mitspielern gebunden sein. Das Binden erfolgt, indem ein Mitspieler mit dem ganzen Arm umfasst.

Bodenspiel (Halten; mit auf oder nahe dem Ball liegen): Ein Halten geschieht, wenn ein Ballträger im Spielfeld von einem oder mehreren Gegenspielern festgehalten wird, so dass er dabei zu Boden gebracht wird oder dass der Ball in Kontakt mit dem Boden kommt. Wenn der Ballträger auf einem Knie oder auf beiden Knien ist oder auf dem Boden sitzt oder oben auf einem anderen Spieler ist, der sich am Boden befindet, so wird der Ballträger als zu Boden gebracht betrachtet. Dann muss der Ballträger den Ball sofort passen oder ihn loslassen, aufstehen und sich vom Ball entfernen.
Jeder Spieler, der einen Gegner hält und in derselben weise zu Boden geht wie der gehaltene Spieler, muss sofort den gehaltenen Spieler loslassen und aufstehen und von Gegner und Ball entfernen. (Straftritt).
Er darf den Ball erst wieder spielen, wenn er sich auf seinen Füßen befindet.

Gasse: Kreuzt der Ball eine Seitenauslinie, oder berührt oder überschreitet der Ballträger diese Linie, so gelangt der Ball ins Aus. In diesem Fall ordnet der Schiedsrichter eine Gasse an. Hierzu stellen sich 2 bis 7 Spieler (Stürmer) jeder Mannschaft zwischen der 5m- und der 15m-Linie so auf, dass eine insgesamt 1m breite Gasse entsteht. Der Einwerfer, in der Regel der Hakler der Mannschaft, die den Ball nicht ins Aus befördert hat, wirft den Ball ein, wobei dieser die 5m-Linie überfliegen muss.

Grundpass: Wichtigste Technik des Handspiels. Beim Grundpass wird der Ball nach einer seitlichen Ausholbewegung bei gleichzeitigem Durchschwingen der Arme aus der Lauf heraus mit beiden Händen schräg nach hinten gespielt.

Hohes Halten: Festhalten eines Spielers am Trikotkragen, Hals oder Kopf. Das hohe Halten wird als gefährliches Spiel abgepfiffen und mit einem Straftritt geahndet.

Offenes Gedränge: Ein offenes Gedränge ist gebildet, wenn der Ball auf dem Boden liegt und sich ein oder mehrere Spieler beider Mannschaften gegenüber, auf den Füßen stehend, in körperlichem Kontakt (gebunden) um ihn zusammengeschlossen haben. Ein Spieler, der in ein offenes Gedränge hineingeht, darf seinen Kopf und seine Schultern nicht tiefer als seine Hüfte haben. Im Kampf um den Ball wird der Gegner weggedrückt und der Ball mit dem Fuß zurückgezogen („gehakelt"). Handspiel ist verboten.

Paket: Ein Paket ist gebildet, wenn ein oder mehrere Spieler beider Mannschaften auf den Füßen stehen und sich in körperlichen Kontakt um einen Spieler, der in Ballbesitz ist, zusammengeschlossen haben. Im Unterschied zum offenen Gedränge, befindet sich der Ball bei diesem Gruppenkampf stets in den Händen der Spieler.

Platztritt: Antritt und Straftritt werden in der Regel als Platztritt ausgeführt. Dabei wird der Ball mit der Spitze auf dem Boden (oder einer Setzhilfe) aufgestellt und nach einem Anlaufen mit dem Spann getreten.

Scherenpass: Täuschung eines Verteidigers, bei welcher der Ball einem Mitspieler zugespielt wird, der hinter dem Ballträger dessen Laufweg kreuzt.

Straftritt: Regelverstöße wie Foulspiel oder Abseits werden vom Schiedsrichter mit einem Straftritt geahndet. Er kann durch jeden Spieler der nichtschuldigen Mannschaft und auch durch jede Trittart ausgeführt werden. Der Treter kann den Ball auch nur mit dem Fuß berühren und selbst laufen oder ihn abspielen.

Versuch: Niederlegen des Balles im gegnerischen Malfeld. Den Ball niederlegen bedeutet, dass ein Spieler:

a) Während er den Ball in einer Hand (oder Hände) bzw. einem Arm (oder Arme) trägt und ihn in Kontakt mit dem Boden bringt oder
b) während sich der Ball auf dem Boden befindet, entweder ihn mit einer Hand (oder Händen) bzw. einem Arm (oder Arme) niederdrückt oder mit der Vorderseite seines Körpers, von Hüfte bis Hals, auf dem Ball liegt.

Vorteil: Der Schiedsrichter soll wegen eines Regelverstoßes während des Spielgeschehens nicht abpfeifen, wenn die gegnerische Mannschaft dadurch einen Vorteil erzielt. Der Vorteil muss entweder im Raumgewinn liegen, oder wenn der weitere Ballbesitz einen klaren taktischen Vorteil erkennen lässt.

10m - Linie: Gestrichelt markierte Linien, die auf beiden Seiten des Spielfeldes in einem Abstand von 10m von der Mittellinie über die gesamte Spielfeldbreite verlaufen. Die verteidigende Mannschaft muss sich vor dem Antritt vom Mittelpunkt hinter die in ihrer Spielfeldhälfte befindliche Zehnmeterlinie zurückziehen. Die Angreifer dürfen den Ball nach dem Antritt erst berühren, wenn er die 10m - Linie gekreuzt hat.

22m - Linie: Durchgezogene Linien, die parallel zur Mittellinie im Abstand von 22m zu den beiden Mallinien über die gesamte Spielfeldbreite verlaufen.

22m - Antritt: Wird mittels eines Sprungtritts ausgeführt und der verteidigenden Mannschaft zugesprochen. Der Ball muss die 22m-Linie kreuzen; ansonsten kann die gegnerische Mannschaft eine Wiederholung des Tritts oder ein Gedränge auf der Mitte der 22m-Linie verlangen.

III Auszüge aus der Spielordnung der Deutschen Rugby-Jugend

1. Alle Spiele der Jugend sind nach der folgenden Spielordnung auszutragen. Die vom DRV herausgegebenen Spielregeln sowie die im Kommentar enthaltenen Anordnungen sind bindend. Für das 6er-, 7er-, 8er- und das 12er-Rugby gelten die von der DRJ herausgegebenen Regeln bindend.

2. Bei allen Spielen müssen die Mannschaften zur festgesetzten Zeit antreten. Das Spiel hat spätestens 15 Minuten nach der festgesetzten Zeit zu beginnen. Tritt bei Pflichtspielen eine 15er-Mannschaft mit weniger als 12 Spielern, eine 12er-Mannschaft mit weniger als 10 Spielern, eine 7er-, oder 8er- Mannschaft mit weniger als 6 Spielern und eine 6er-Mannschaft mit weniger als 6 Spielern an, so muss der Schiedsrichter das Spiel dem Gegner als gewonnen erklären, und zwar 6er-, 7er-, 8er-, und 12er-Rugby-Spiele mit 12:0 und 15er-Spiele mit 50:0.

3. Schiedsrichter sind für Pflichtspiele von der Schiedsrichtervereinigung des zuständigen Verbandes einzuteilen und zu benachrichtigen. Der für ein Spiel eingeteilte Schiedsrichter kann nicht abgelehnt werden.

4. Wird ein Spieler vom Schiedsrichter wegen Unsportlichkeit des Feldes verwiesen, so muss der Schiedsrichter nach beendetem Spiel den Grund hierfür im Spielbericht vermerken.
   Der des Feldes verwiesene Spieler wird automatisch für die Dauer von 15 Tagen für alle Spiele gesperrt; kann aber darüber hinaus noch länger gesperrt oder bestraft werden.

5. Die Altersklassen sind wie folgt eingeteilt:

Junioren:	Wer am 1.1.eines jeden Jahres nicht älter als 18 Jahre ist.
Jugend:	Wer am 1.1.eines jeden Jahres nicht älter als 16 Jahre ist.
Schüler A:	Wer am 1.1.eines jeden Jahres nicht älter als 14 Jahre ist.
Schüler B:	Wer am 1.1.eines jeden Jahres nicht älter als 12 Jahre ist.
Schüler C:	Wer am 1.1.eines jeden Jahres nicht älter als 10 Jahre ist.
Schüler D:	Wer am 1.1.eines jeden Jahres nicht älter als 8 Jahre ist.

Ein Spieler, der bis zum 31.12. eines jeden Jahres in einer Mannschaft an Punktspielen teilgenommen hat oder hätte teilnehmen können, ist auch über den 31.12. eines jeden Jahres hinaus bis zur Sommerpause für seine Altersklasse spielberechtigt.

6. Spieler der Altersklasse Schüler D bis Jugend können nur in ihrer eigenen und in der jeweils nächsthöheren Altersklasse eingesetzt werden.

7. Spieler der Altersklasse Junioren können in Seniorenmannschaften eingesetzt werden. Dem Spielerpass muss eine Erlaubnis des Sportarztes und des Erziehungsberechtigten beiliegen.

8. Bei Verstoß gegen die Bestimmungen der Altersklassenordnung gilt ein gewonnenes Spiel als verloren und zwar bei 6er-, 7er-, 8er- und 12er-Rugby mit 0:12, bei 15er-Rugby mit 0:50.

9. Alle Meisterschaftsspiele auf Landesverbands- oder Bundesebene werden getrennt nach Altersspielklassen durchgeführt.

10. Wechselt ein Spieler innerhalb seines Landesverbandes seinen Verein, so darf er im laufenden Spieljahr nur dann als Spieler einer Mannschaft auf Bundesebene an den Deutschen Vereinsmeisterschaften seiner Altersklasse teilnehmen, wenn die Freigabe vor dem 31.12.eines jeden Jahres des vergangenen Jahres erfolgt ist und er seit dieser Zeit in seinem neuen Verein an mindestens drei Punktspielen um die Landesverbands-Meisterschaft seiner Altersklasse teilgenommen hat. Spielt er in zwei Altersklassen gleichzeitig, so gilt diese Regelung getrennt.

11. Die Landesverbände ermitteln in eigener Regie ihre Meister. Der Austragungsmodus und die Namen der an den Meisterschaftsspielen teilnehmenden Vereine sind bis zum 1.10.eines jeden Jahres im offiziellen Organ des DRV zu veröffentlichen und dem DRJ-Vorsitzenden mitzuteilen.

12. An allen Pflichtspielen können nur Spieler mit gültigem Spielerpass ihres Landesverbandes teilnehmen.

13. Spieler aller Altersklassen sollen einmal jährlich von einem Sportarzt untersucht werden und einen Sportgesundheitspass besitzen.

14. Für alle Rechtsfragen gilt die Rechtsordnung des DRV. Dagegen sind alle so zu bemessen, dass die Existenz der Rugby-Jugendabteilungen der Vereine nicht gefährdet wird.

IV Adressen

Deutscher Rugby-Verband
Geschäftsstelle:
Sportleistungszentrum Hannover
Ferdinand-Wilhelm-Fricke-Weg 2A
30169 Hannover
Tel.: 0511/14763
Fax.: 0511/1610206
Internet: www.rugby.de
E-Mail: deutscher-rugby-verband@t-online.de
Post: Postfach 1566, 30015 Hannover

Deutsche Rugby-Jugend
Geschäftsstelle:
Sportleistungszentrum Hannover
Ferdinand-Wilhelm-Fricke-Weg 2A
30169 Hannover
Tel.: 0511/14764
Fax.: 0511/1610206
Internet: www.rugby.de
E-Mail: deutsche-rugby-jugend@t-online.de
Post: Postfach 1566, 30015 Hannover

Landesverbände

Berliner Rugby-Verband
Henric Lewkowitz
Ehlersstr. 13
14612 Falkensee
Tel. (d): 030/30311206
Fax (p): 033/22 216263
Fax (d): 030/30311209

Hamburger Rugby-Verband
Jens Michau
Postfach 30 17 05
20306 Hamburg
Tel. (d): 040/31794536
Fax (d): 040/31794538

Hessischer Rugby-Verband
Rolf Keppler
Bergerstr. 450
60385 Frankfurt
Tel. (d): 069/91337920
Fax (d): 069/457761

Landesfachverband Rugby Sachsen
Jürgen Weber
Schorlemmerstr. 3
04155 Leipzig
Tel. (d): 0341/566 2401
Fax (d): 0341/566 2402

Niedersächsischer Rugby-Verband
Bernhard Fischer
An der Graft 1
30167 Hannover
Tel. (d): 0511/1319165
Fax (d): 0511/1696464

Rugby-Verband Baden-Württemberg
Claus-Peter Bach
Höhenstr. 8
69118 Heidelberg
Tel. (d): 06221/805770
Fax (p): 06221/519245

Rugby-Verband Brandenburg
Edmund Partzsch
Jüterborger Str. 30
14974 Ludwigsfelde
Tel. (d): 0331/9719823
Fax (d): 0331/9719834

Rugby-Verband Bayern
Noel Reeves
Luitpoldstr. 24
82152 Krailling
Tel. (d.): 089/8593362
Tel. (p): 089/23992962
Fax (p): 089/8593464

Rugby-Verband Nordrhein-Westfalen
Markus Gerigk
Volkhovener Weg 163
50767 Köln
Tel. (d): 0221/794790
Fax (d): 0221/7902488

Haus der Verbände:
Hans-Jörg Stelter
Friedrich-Alfred-Str. 25
47055 Duisburg
Tel. (d): 0203/7290067
Fax (d): 0203/7381616

Rugby-Verband Rheinland-Pfalz
Klaus-Uwe Gottschlich
Max-Planck-Str. 28
63150 Heusenstamm
Tel. (d): 06104/55 95

Rugby-Verband Sachsen-Anhalt
Dirk Lehmann
Faulmannstr. 21
06118 Halle
Tel. (d): 0345/2132736
Fax (d): 0345/20233314

Rugby-Verband Schleswig-Holstein
Michael Meger
Dorfstr. 12
23847 Siebenbäumen
Tel. (d): 04501/893060

Rugby-Verband Thüringen
Nicole Förster
Dahlienstr. 92 A
07586 Bad Köstritz
Tel. (d): 0365/29076-0
Fax (d): 0365 29076-10

Weitere Titel aus der Reihe

Leistungstraining Sport

Kinder und Jugendliche

Band 1
Georghe Condovici, Hans-Joachim Dörrer, Michael Gruhl, Ursula Koch, Dr. Bozidan Krog, Dr. Ilka Lüsebrink, Petra Theiss, Lutz Wiedemann

Weibliches Kunstturnen

1999, 204 Seiten, zahlr. Abb., kt., DM 36,80
ISBN 3-7853-1621-6 • Best. Nr. 343-01621

Im weiblichen Kunstturnen beginnt das gezielte Nachwuchstraining viel früher als in den meisten anderen Sportarten. Daher muss die vielseitige turnerische Grundausbildung so gestaltet werden, dass bis zum 12. Lebensjahr ein breites Repertoire aller Leistungsbestand-teile angelegt ist. Zielsetzung dieser Rahmentrainingskonzeption ist es, für die Ausbildung der 6- bis 12-jährigen Nachwuchsturnerinnen einen inhaltlich-methodischen Leitfaden vorzulegen, der wesentliche, in diesem Zeitraum besonders gut zu entfaltende turnerische Grundlagen zu erarbeiten hilft und die Voraussetzungen für eine erfolgreiche Entwicklung bis ins Höchstleistungsalter schafft.

Band 13
Rainer Diehl, Heinz Kelzenberg, Stefan Kerst, Dr. Wolfgang Klöckner

Badminton

1999, 103 Seiten, zahlr. Abb., kt. DM 29,80
ISBN 3-7853-1618-6 • Best. Nr. 343-01618

Die Entwicklung im Badminton der letzten Jahre ist dadurch gekennzeichnet, dass das Spieltempo immer höher wird. Die Anforderungen an angemessenes situatives Handeln des Spielers sind dadurch erheblich gestiegen. Die Rahmentrainingskonzeption gibt die Richtlinien zum Aufbau eines langfristigen Trainingsprozesses im Badminton vor, die vor allem diese in den letzten Jahren stark veränderten Anforderungen berücksichtigt und mit einbezieht.

Band 14
Martin Adomeit, Dirk Huber, Norbert Kube, Johannes Pörsch, Ronald Raue, Norbert Weyers

Tischtennis

2000, 137 Seiten, zahlr. Abb., kt. DM 34,80
ISBN 3-7853-1630-5 • Best. Nr. 343-01630

Dieses Buch stellt verschiedene Modelle der Talentsuche und Talentförderung im Tischtennis vor, beleuchtet didaktisch-methodische Aspekte des Nachwuchstrainings und verweist auf kindgerechte Wettkampfformen. Mit Hilfe von Bildreihen und Bewegungsbeschreibungen werden die einzelnen Schlagtechniken eingeführt. Trainingshinweise zu Technik, Taktik, Kondition und Kooredination runden den Band ab.

In Vorbereitung sind die Themen: Schwimmen, Squash, Rudern, Basketball, Hockey

Limpert Verlag • Industriepark 3 • D-56291 Wiebelsheim

Tel. 06766 - 903 160 • Fax 06766 - 903 320 • E-mail: vertrieb@limpert.de

Preisänderungen vorbehalten